Lutz

Manfred Czierwitzki

Positives Denken

gezielt einsetzen und sein Leben verändern

Mit Positiv-Training!

Manfred Czierwitzki

Positives Denken

gezielt einsetzen und sein Leben verändern

Mit Positiv-Training!

Gondrom

Eine Zusammenfassung von zwei Bänden,
ursprünglich erschienen mit den Titeln:

Positives Denken
gezielt einsetzen
und sein Leben verändern

und

POSITIV-Training

Sonderausgabe für Gondrom Verlag GmbH & Co. KG, Bindlach 1995

Covergestaltung: Creativ Werbe- u. Verlagsgesellschaft
Ulrich Kolb, Leutenbach
ISBN 3-8112-1111-0

Für Ulrike

Inhalt

Teil 1

Teil 2

Teil 3

Vorwort

Mit diesem Buch halten Sie einen ausgezeichneten praktischen Leitfaden in Ihren Händen, wie Sie Ihr Leben von Grund auf ändern können. Jeder Mensch, also auch Sie, hat von Geburt an die Möglichkeit, ein glückliches, gesundes und erfolgreiches Leben zu führen. Uns allen ist es gegeben, unser Dasein im Einklang mit unseren innersten Wünschen und Bedürfnissen zu gestalten.

Der Schlüssel dazu liegt nicht, wie wir häufig meinen, in den materiellen Voraussetzungen und Bedingungen unserer äußeren Welt, sondern wir halten diesen Schlüssel schon immer in unseren Händen, ohne uns dessen bewußt zu sein. Oft sitzen wir deshalb wie Könige in Bettlergestalt auf einer gefüllten Schatztruhe, hadern mit unserem Schicksal und bitten die Vorübergehenden um Almosen. Sobald Sie sich auf dem Weg, der Ihnen auf den folgenden Seiten aufgezeigt wird, mit den Gesetzen und den geistigen Kräften Ihres Bewußtseins vertraut gemacht haben, die Ihr Dasein bestimmen, werden Sie Ihrer ursprünglichen, königlichen Gestalt innewerden wie des inneren Reichtums, der in Ihnen wie in jedem Menschen ruht.

Dieser Reichtum besteht in dem inneren Einklang Ihres Wesens mit dem Ganzen der Schöpfung und ihren Gesetzen. Sie brauchen nur auf diesen Einklang zu hören und der Existenz zu vertrauen – Sie sind ihr Geschöpf, und sie wird für Sie sorgen. Was immer Sie brauchen, um in Ihrem Leben glücklich und zufrieden, gesund und erfolgreich zu sein, das Leben hält es für Sie bereit.

Viele Einsichten in die Gesetze des positiven Denkens finden sich bereits im östlichen Denken. Dabei verstehe ich den Osten nicht so sehr als geographischen Begriff, sondern als eine geistige Orientierung, dem Sonnenaufgang, dem Licht entgegen. In den Upanishaden, einer der großen religiösen Schriften des Ostens, heißt es:

»Was in uns ist, ist auch außerhalb,
was außerhalb ist, ist auch in uns.«

Wenn es uns also gelingt, unsere inneren Wesenskräfte zu läutern und zu harmonisieren, so können wir diese Zeilen verstehen, wird auch unser äußeres Leben die Farben der Harmonie annehmen. Davon können wir uns leicht überzeugen: Wir werden keinen innerlich zufriedenen und glücklichen Menschen finden, dessen äußeres Leben von Unglück und Disharmonie gekennzeichnet ist, sowie keinen innerlich zerrissenen und unglücklichen Menschen, dessen Leben äußerlich harmonisch und erfolgreich verläuft. Was können wir aus dieser Beobachtung lernen?

Das Leben liest gewissermaßen unsere Gedanken, es richtet sich nach den geistigen Bildern und Vorstellungen, die wir ihm laufend übermitteln, und antwortet darauf. Sobald unsere Gedanken und Vorstellungen von negativen Inhalten geprägt sind, wird das Leben nicht zögern, diese für uns zu verwirklichen. Was immer uns an Leid und Mißerfolg widerfährt, muß zuvor in unseren Gedanken angelegt gewesen sein, unser Denken muß darum gekreist haben, vielleicht ohne daß wir uns dessen bewußt waren.

Beobachten Sie es selbst einmal: Ein großer Teil unseres Denkens geschieht unbewußt. Die Gedanken kommen und gehen, wie sie gerade wollen. Sie ergreifen Besitz von uns, ohne daß wir sie darum gebeten hätten. Und es sind nicht immer die lichtvollsten, die uns die »Suppe einbrocken«, die wir hinterher auslöffeln dürfen.

»Wir sind, was wir denken.
Alles, was wir sind, entsteht mit unseren Gedanken.
Mit unseren Gedanken machen wir die Welt.«

In diesen Worten drückt Buddha, einer der großen Weisen, die die Menschheit immer wieder hervorgebracht hat, die tiefe Einsicht aus, daß wir selbst die Ursache von allem sind, was uns im Leben widerfährt, im guten wie im schlechten. Unsere Gedanken sind der Rohstoff, aus dem wir unser Leben gestalten. Dafür sollte uns eigentlich das Beste gerade gut genug sein.

Wählen Sie also die Gedanken, die Sie sich zu eigen machen, mit großer Liebe und Sorgfalt aus! Das ist die Botschaft des positiven Denkens. Dieses Buch wird Sie dabei ein Stück begleiten, wird Ihnen Hilfe und Anregungen geben. In Manfred Czierwitzki haben Sie einen erfahrenen Weggefährten, der sich seit über zwanzig Jahren mit dem positiven Denken und dem unendlichen Potential an Liebe, das in uns allen liegt, beschäftigt.

Ich wünsche Ihnen die Erfüllung all dessen, was Sie sich vorstellen, wünsche Ihnen Gelassenheit und ein friedvolles, erfülltes Leben in Harmonie und Liebe.

München *Erhard F. Freitag*

Es gibt nichts Gutes,
außer man tut es!

Einleitung

Seit zwanzig Jahren beschäftige ich mich mit der vorhandenen Literatur über positives Denken. Ich habe Hunderte von Büchern gelesen und an vielen Kursen und Seminaren über Bewußtseinserweiterung teilgenommen, und, weil es mir relativ leichtfällt, etwas Gelesenes in meine persönliche Praxis zu übertragen, konnte ich im Laufe der Jahre immer mehr Erfolge bei der praktischen Anwendung des positiven Denkens im täglichen Leben erzielen.

Durch mein jahrelanges Studium bin ich mit vielen anderen Menschen in Berührung gekommen, die wie ich nach dem Verständnis der grundlegenden geistigen Gesetze suchten. Was mir dabei schon früh aufgefallen war, ist folgendes:

Viele Menschen verwechseln die Wege mit dem Ziel!

Sehr oft habe ich festgestellt, daß die Suchenden sich kurze Zeit intensiv mit einer bestimmten Methode beschäftigen, um dann, wenn sie glauben, sie verstanden zu haben, sofort zu einer anderen, neuen Methode überzugehen.

Viele geistig interessierte Menschen sind vergleichbar mit Schmetterlingen. Sie flattern von einer Methode zur nächsten, ohne jemals bei einer Methode des positiven Denkens zu bleiben und diese über einen längeren Zeitraum in der Praxis zu erproben.

Bei Menschen, die sich besonders mit der »Esoterik« und der »Spiritualität« beschäftigen, konnte ich außerdem häufig eine eher wachsende Verzettelung im Alltag beobachten. Dies ist um so verwunderlicher, als die zunehmende Kenntnis über die tieferen Zusammenhänge doch eigentlich zu einer ständig wachsenden Fähigkeit führen sollte, das Leben aus einer höheren Warte – in Harmonie und Gelassenheit – zu leben.

Nachdem ich meine Beobachtungen einige Jahre fortgesetzt hatte, erkannte ich immer klarer, wo die Ursache dieser Entwicklung lag:

Die Menschen betreiben die Auseinandersetzung mit den geistigen Gesetzen als eine Sache und betrachten ihr tägliches Leben als eine andere!

Sie begreifen oft gar nicht den Zusammenhang zwischen dem, was sie gerade gelesen oder gelernt haben, und der Lebenssituation, in der sie sich gerade befinden.

Sehr viele Menschen fühlen sich überfordert, wenn sie aus der Fülle der vorhandenen Literatur und den vielen, sich teilweise widersprechenden Lehren, das für sie selbst Richtige herausfinden sollen. Und wer die Literatur über positives Denken und Bewußtseinserweiterung liest, kann durchaus verwirrt werden, insbesondere, wenn er sich von Lehren beeindrucken läßt, die das jetzige Leben nur als niedere Existenzform ansehen: Lehren, die den Menschen überzeugen wollen, daß dieses Leben zur Aufarbeitung einer KARMA (Schuld) dient oder Lehren, die ihn dazu anhalten, sich in diesem Leben schwerpunktmäßig mit den Fragen eines Lebens nach dem Tode zu beschäftigen oder sich auf eine bessere Existenz nach dem Tode vorzubereiten.

Als Praktiker, der sich mitten in diesem Leben befindet, habe ich die Erkenntnis gewonnen, daß es heute in erster Linie darauf ankommt, die geistigen Prinzipien im jetzt stattfindenden Leben so gut wie möglich anzuwenden. Alle Informationen über die Kraft der Gedanken und über den möglichen Einsatz geistig-seelischer Kräfte sollten wir darauf verwenden, unser heutiges Leben positiver, harmonischer und erfolgreicher zu gestalten.

Im Laufe der Jahre war bei mir der Wunsch aufgekommen, einen Beitrag zum größeren Verständnis der Zusammenhänge über positives Denken und die Dimensionen unseres Bewußtseins zu leisten. Dieses Buch stellt das erste Ergebnis dieser Gedanken dar. Es soll das Verständnis für die wirklich wichtigen Zusammenhänge verbessern helfen. Das hier vorgestellte POSITIV-System wurde von mir entwickelt, um den Menschen, die von der Fülle der Informationen überwältigt sind und den »Wald vor lauter Bäumen nicht mehr sehen« können, eine Richtschnur zu geben, was zu einer erfolgreichen Anwendung des positiven Denkens im Alltag gehört und welche Bereiche beachtet werden müssen, um ein erfolgreiches Leben aus dem Geiste zu führen.

Die dargestellten Prinzipien werden im von mir gegründeten POSITIV-CENTRUM gelehrt. Ich selbst arbeite seit Jahren mit dieser Methode, und ich kann sie allen Lesern nur empfehlen. Sie ist sowohl im persönlichen und privaten Bereich als auch im beruflichen und geschäftlichen Leben von großer Bedeutung.

Wenn Sie die Prinzipien des positiven Denkens anwenden, können auch Sie Ihren Erfolg in Harmonie außerordentlich steigern. Aber: Es gibt nichts Gutes, außer man tut es – genauso ist es auch hier!

Sie werden den Erfolg erreichen, wenn Sie sich anhand dieses Leitfadens ehrlich, ohne Selbstbetrug kontrollieren und leiten.

Fangen Sie an, wenden Sie Ihr Leben zum Positiven um. Bereits jetzt können Sie ein von Harmonie, Erfolg, Glück, Wohlstand und Gesundheit erfülltes Leben leben.

Bremen *Manfred Czierwitzki*

Teil 1

Was bedeutet »positiv denken?«

Positiv denken bedeutet, im Wissen um die Macht der Gedanken, in jeder Lebenssituation, die eigenen Gedanken und Gefühle immer auf das gewünschte Ergebnis zu konzentrieren!

Was bedeutet »positiv denken«?

Obwohl es Hunderte hochqualifizierter Bücher über positives Denken gibt, ist es sehr schwierig, auf die Frage »Was bedeutet positives Denken?« eine klare Antwort zu bekommen.

Diese Tatsache ist ein weiterer Beweis dafür, daß wir dazu neigen, alles zu komplizieren und manchmal nicht einmal mehr das Wesentliche wiedererkennen können!

Die amerikanische Methode, einer Lehre dadurch Glaubwürdigkeit zu verleihen, indem der Autor das Buch vom Anfang bis zum Schluß mit hunderten von Beispielen für den Erfolg durch positives Denken füllt, macht es dem Leser noch schwerer, das für ihn Wichtige herauszulesen.

Meine Anleitung zum positiven Denken verzichtet auf diese Beispiele der erfolgreichen Anwendung durch andere Menschen. Schließlich geht es darum, dieses Wissen im eigenen Leben anzuwenden. Wenn Sie Beispiele lesen möchten, wie andere Menschen sich die Fähigkeit aneigneten, positiv zu denken, dann empfehle ich die vorhandene Literatur.

Zusammenfassend möchte ich nur soviel sagen, daß die Lehre des positiven Denkens auf der Erkenntnis basiert, daß unser ganzes Denken von *innen nach außen* wirkt. Die Ereignisse und Umstände, die in unser Leben treten, werden im wesentlichen durch unsere eigenen innersten Gedanken und Gefühle bestimmt. Die Kombination aus unseren Gedanken und Gefühlen ist unser *Glaube*. Dieser Glaube kann alles verwirklichen!

Im Grunde müßte die Lehre des positiven Denkens als Lehre vom positiven Glauben bezeichnet werden, doch wegen der religiösen Besetzung des Wortes Glauben ziehe ich die Bezeichnung positives Denken vor.

Nach jahrtausendealten Erkenntnissen werden unser Lebenslauf und unsere persönliche Entwicklung in erster Linie von unseren tief in uns verankerten Glaubenssätzen oder auch Vorurteilen gesteuert wie zum Beispiel:
»Ich bin meinen Lebensumständen hilflos ausgeliefert!«

»Die Menschen sind von Natur aus schlecht und versuchen ständig, mich zu schädigen!«
»Ich bin machtlos, weil meine Persönlichkeit im Kindesalter geprägt wurde und ich heute nichts mehr daran ändern kann!«
Von noch persönlicherer Natur sind fest eingefahrene Meinungen wie:
»Ich bin kränklich und war es schon immer!«
»Ich bin nicht kreativ und habe keine Fantasie!«
»Leute, die Geld haben, sind habgierig und weniger spirituell entwickelt, als solche die arm sind!«

Diese Beispiele könnten wir unendlich fortsetzen. Sie haben jedoch alle eines gemeinsam: Sie stimmen nur so lange mit der Wirklichkeit überein, wie man innerlich an ihnen festhält. Alle diese vorgefertigten Überzeugungen sind nur so lange von Bedeutung, *wie man sie akzeptiert.* In dem Augenblick, wo man bereit ist, sie aufzugeben, haben sie keine Kraft mehr.

Diese Erkenntnis ist *grundlegend* für das Verständnis der Lehre des positiven Denkens. Wenn wir begreifen, daß alle unsere innersten Meinungen nur so lange eine Kraft darstellen, wie wir sie uns erhalten, so ist doch die Frage interessant, wie solche vorgefertigten Glaubenssätze überhaupt entstehen und – als nächster Schritt – wie sie wieder gelöscht werden können.

Nehmen wir als Beispiel einmal den Glaubenssatz: »Ich bin ein Versager!«:

Wenn ein Kind in den ersten Lebensjahren ständig von seinen Eltern oder anderen Bezugspersonen wie Lehrern oder Erziehern bevormundet und negativ bewertet wird, so fließen diese Bewertungen ohne Widerstand in sein eigenes Unterbewußtsein ein.

Im Unterbewußtsein dieses Kindes entwickelt sich dann die Überzeugung: »Ich kann nichts!«, »Ich mache alles falsch!«, »Ich bin zu nichts zu gebrauchen!«, »Ich bin nicht so gut wie die anderen Kinder!«.

In diesen vorgefertigten Meinungen liegt der Kern des Glaubenssatzes »Ich bin ein Versager!«. Später, wenn das Kind älter und bereits erwachsen ist, wirkt dieses Programm noch immer weiter. Da es sich im *Unter*bewußtsein befindet, sind wir uns nicht bewußt, daß das gegenwärtig vorherrschende Gefühl, ein Versager zu sein, gar nichts mit der wirklichen, heutigen Lebenssituation zu tun hat. Um das verstehen zu können, muß man sich grundlegend mit dem Zusammenwirken zwischen Bewußtsein und Unterbewußtsein befassen.

Das Wichtigste hierzu ist: Das Unterbewußtsein des Menschen speichert *alles*, was dieser in seinem Leben bisher gedacht und gefühlt, also geglaubt hat! Alle Gedanken und Gefühle finden im *Bewußtsein* statt. Aufgabe des Bewußtseins ist, zu entscheiden, ob ein Gedanke oder Gefühl *wahr* ist oder nicht.

Die vom *Bewußtsein* als wahr angesehenen Gedanken und Gefühle werden dem *Unterbewußtsein* als tief verwurzelte, persönliche Glaubensüberzeugungen eingeprägt, und dort, wo vorher *nichts* war, steht jetzt das *selbst*programmierte »Ich bin ein Versager!«

Stellen Sie sich das Zusammenwirken zwischen Bewußtsein und Unterbewußtsein bitte so vor:

Das Unterbewußtsein ist ein reines, unbeflecktes Tuch. Das Bewußtsein ist der Farbstift, der Flecken und Bilder in das bis dahin saubere Tuch zeichnet. Wie eine Leinwand nicht prüft, ob der Pinsel des Malers ein richtiges Bild malt, genauso kann das Unterbewußtsein des Menschen nicht kontrollieren, ob das Bewußtsein die Sachlage richtig beurteilt. Es muß das eingeprägte Bild des Bewußtseins wiedergeben, genau wie die Leinwand das gemalte Bild wiedergeben muß.

Womit schreibt nun das Bewußtsein auf die unbefleckte Struktur des Unterbewußtseins? Alles, was ins Unterbewußtsein geschrieben wird, wird durch *unsere eigenen* Gedanken und Gefühle geschrieben! Niemand anders außer uns hat direkten Zugriff auf unser Unterbewußtsein. Und hier setzt auch die wesentliche Erkenntnis des positiven Denkens ein:

Wenn ich von den im Unterbewußtsein gespeicherten Glaubensprogrammen gesteuert werde, und wenn das einzige, was diese Programme in mein Unterbewußtsein eingeben können, mein eigenes Bewußtsein ist, dann kann ich durch Kontrolle meines Bewußtseinsinhaltes meine Gegenwart und Zukunft genau nach meinen eigenen Wünschen lenken und steuern. Wenn ich dieses verstanden habe, dann ist der Rest eine Kleinigkeit!

Ich denke ab sofort nur noch das, was ich erleben möchte!

Hinderliche Glaubensprogramme der Vergangenheit und liegt sie auch noch so weit zurück, löse ich ganz einfach auf, indem ich ab sofort anders darüber denke! In allen neu auf mich zukommenden Lebenssituationen schaue ich konsequent nur auf das Positive und auf die *Möglichkeiten*, die darin verborgen sind!

Die negativen Beurteilungen anderer Menschen lasse ich nicht mehr in mein innerstes Denken und Fühlen einziehen, sondern ich halte meine Gedanken und Gefühle immer im positiven Bereich! Von nun an sorge ich dafür, daß in meinem Unterbewußtsein nur noch positive Programme neu verankert werden können!

Sie sehen, die Methode des positiven Denkens ist ganz einfach, die Schwierigkeiten liegen anderswo: in der praktischen Anwendung dieser Methode auf die Höhen und Tiefen des täglichen Lebens! Das POSITIV-System ist geeignet, diese Schwierigkeiten erfolgreich zu überwinden!

Bevor wir zum POSITIV-System kommen, wollen wir uns hier – zum besseren Verständnis – noch mit einigen wesentlichen Grundlagen des positiven Denkens auseinandersetzen.

Ich fasse mich in diesem Buch bewußt kurz, um Ihnen die meiner Meinung nach wirklich wichtigen Fakten direkt zu vermitteln. Weitere Informationen über positives Denken lesen Sie bitte in der Literaturempfehlung am Ende des Buches nach.

Die von mir im folgenden erwähnten Autoren und Literaturhinweise erheben keinen Anspruch auf Vollständigkeit. Sie sind ein Ausschnitt aus der umfassenden heute verfügbaren Literatur. Dennoch bieten sie ausreichend Einsicht in die Philosophie und Praxis des positiven Denkens.

Sollte ich in dieser Auswahl einen Autor oder ein Werk, die Ihnen viel gegeben haben, nicht erwähnt haben, so vertrauen Sie bitte ruhig Ihrem eigenen inneren Urteil.

»Des Menschen Dienerschar
ist größer, als er denkt.«
Ralph Waldo Emerson

Ursprung der Lehre

Man kann sagen, daß die Weisen zu allen Zeiten der Weltgeschichte um die Kraft der Gedanken gewußt haben. Viele überlieferte Aussprüche alter Meister, seien es die Griechen, die Römer, die Chinesen oder Angehörige anderer Volksstämme, weisen deutlich auf die tiefe Kenntnis der Zusammenhänge bei diesen Persönlichkeiten hin. Ebenso können wir die Begründer der Weltreligionen zu den Urvätern der Lehre des Lebens aus dem Geiste zählen, wenn wir berücksichtigen, daß die Religionen ihren Schwerpunkt bei der Wahrheitsvermittlung anderswo setzen.

Wenn wir zu den Ursprüngen der Neuzeit kommen, so stellen wir fest, daß das positive Denken neuerer Prägung wie so viele Dinge, die das Leben in Europa und der ganzen Welt stark beeinflußt haben, aus Amerika kommt. Diese neueren Ursprünge gehen zurück auf Ralph Waldo Emerson, der bereits vor über zweihundert Jahren in Essays und Artikeln über die Kraft der Gedanken schrieb und als Begründer der sogenannten *Neugeist*-Bewegung gilt. Er war einer der ersten Schriftsteller, die immer wieder auf die unendliche Dimension des menschlichen Bewußtseins hinwiesen.

Zu den Schülern der Lehre Emersons am Ende des 19. Jahrhunderts gehört der Amerikaner Prentice Mulford, dessen Bücher auch heute noch angeboten werden. Oft zitiert wird auch der amerikanische Psychologie-Professor William James.

In diesem Jahrhundert wurde die Lehre des positiven Denkens innerhalb kurzer Zeit – nicht zuletzt durch die neuen Kommunikationsmedien und das Entstehen der Informationsgesellschaft – in den USA und weltweit bekannt.

Überall auf der Welt gibt es stark wachsende Gruppierungen, die sich mit dem positiven Denken und verwandten Gebieten befassen. Unabhängig voneinander und parallel zueinander traten neue, bedeutende geistige Lehrer mit weiteren wesentlichen Erkenntnissen zum positiven Denken hervor, die sie in ihren Werken an interessierte Menschen weitergeben.

»Das Leben eines Menschen ist das,
was seine Gedanken
daraus machen.«
Marc Aurel

Begründer und wichtige Lehrer

Wenn wir von den Begründern der Lehre des positiven Denkens in diesem Jahrhundert ausgehen, so ist hier an erster Stelle als wohl bekanntester Autor *Dr. Joseph Murphy* zu nennen.

Dr. Joseph Murphy gestaltete als erster in den USA eigene tägliche Rundfunk- und Fernsehsendungen über die Selbstvervollkommnung des Menschen und verwandte Gebiete. Er hatte Millionen von Zuhörern und Zuschauern, die wesentlich zur Verbreitung des Wissens um die Macht der Gedanken beitrugen. Dr. Murphy schrieb fünfundzwanzig Bücher über das positive Denken; sein wohl bekanntestes Werk ist *»Die Macht Ihres Unterbewußtseins«*. Seit seiner Veröffentlichung 1962 erreichte es weltweit Auflagen von vielen Millionen, und auch im deutschsprachigen Raum wurde es in mehreren hunderttausend Exemplaren verkauft.

Weitere wichtige Vertreter des positiven Denkens sind:

Norman Vincent Peale
Der Autor des Buches *»Die Kraft positiven Denkens«* (Erstveröffentlichung 1952) und vieler weiterer Bücher über dieses Thema ist Seelsorger an einer der größten Kirchen New Yorks und betreut eine der größten Organisationen positiv denkender Menschen auf der ganzen Welt.

Napoleon Hill
Er ist der Verfasser des Erfolgsbuches *»Denke nach und werde reich«*, das in den vierziger Jahren erschien und allein in den USA eine Auflage von über 14 Millionen Exemplaren erreichte. Über einen Zeitraum von 25 Jahren hatte Napoleon Hill die führenden 500 Selfmade-Millionäre der USA jener Zeit interviewt, wobei er feststellte, daß es das positive Denken war, was diese Menschen so erfolgreich gemacht hatte. 1960 erschien das zusammen mit *W. Clement Stone* geschriebene Buch *»Erfolg durch positives Denken«*, in dem nochmals die Prinzipien geschäftlicher Erfolge durch positive Geisteshaltung beschrieben werden. W. Clement Stone selbst ist ein Beispiel dafür, daß die positive Einstellung in engem Zusammenhang

mit dem Geschäftserfolg steht: Aus hundert Dollar Startkapital machte er ein Vermögen von bis heute über zweihundert Millionen Dollar.

Dale Carnegie
schrieb das 1949 erschienene Buch *»Sorge Dich nicht – lebe!«* und zählt ebenfalls zu den Autoren, die Grundlegendes über die Bedeutung der eigenen Gedanken zur Bewältigung von Lebensproblemen schrieben und gleichzeitig in ihren Kursen lehrten. Sein Buch gehört zu den besten Selbsthilfebüchern überhaupt.

Mir persönlich gefällt auch besonders *Dr. Emmet Fox*, Autor des Buches *»Macht durch positives Denken«*. Er ist in den USA ein sehr bekannter und populärer Redner zum Themenbereich positives Denken und versteht es hervorragend, das Wissen der Bibel in unsere heutige Sprache umzusetzen und deutlich zu machen, daß auch die Bibel einen hohen Aussagewert zum positiven Denken besitzt.

Außerhalb den USA möchte ich nennen:

Emil Coué Der französische Apotheker arbeitete um die Jahrhundertwende als Heilkundiger. In seinem Buch *»Die Selbstbemeisterung durch bewußte Autosuggestion«*, welches in einer Auflage von über 250 000 Exemplaren im deutschsprachigen Raum verkauft wurde, beschreibt er bereits damals die später von Murphy und anderen weiter verfeinerte Form der Beeinflussung des Unterbewußtseins durch bewußte Autosuggestion.

Masahara Taniguchi Der Japaner Taniguchi schrieb mehr als zweihundert Bücher über die Macht des Geistes und deren Bedeutung zur Erreichung vollkommener Gesundheit, Harmonie und innerer Erfüllung. Er gründete und leitete in Japan die »Seicho-No-Ie«-Organisation. Ihr gehören über zweitausend Gruppen mit ungefähr sechs Millionen Mitgliedern an. Besonders zu erwähnen ist sein Buch *»Leben aus dem Geiste«*.

Paramahansa Yogananda Als erster Yogi beschreibt der Inder Yogananda in seinem Buch *»Autobiographie eines Yogi«* selbst seinen Lebensweg. Er brachte seit den frühen fünfziger Jahren das fernöstliche Wissen über die geistigen Gesetze nach Amerika und in die westliche Welt und hat im Westen wesentliche Impulse für den Fortschritt im Wissensbereich über die geistigen Gesetze gegeben.

Wichtige Lehrer des positiven Denkens und verwandter Gebiete der Gegenwart:

Roy Eugene Davis, USA, Autor vieler Bücher wie zum Beispiel *»So kannst Du Deine Träume verwirklichen – die Technik der schöpferischen Imagination«;* er ist Schüler von Paramahansa Yogananda und Leiter einer Organisation, die auch im deutschsprachigen Raum vertreten ist.

Catherine Ponder, USA, Autorin zahlreicher Bücher, darunter *»Das Wohlstandsgeheimnis aller Zeiten«;* sie ist eine der führenden Repräsentanten der UNITY-Bewegung, die sich durch ihre äußerst praxisnahen Ratschläge zu mehr Lebenserfolg auszeichnet.

Robert Schuller, USA, bekanntester »Fernsehpfarrer« der USA; zu seinen Erfolgsbüchern zählt, neben vielen anderen, *»Harte Zeiten – Sie stehen sie durch!«* oder *»Der Weg zur inneren Ruhe«.* Er ist einer der großen »Möglichkeitsdenker« unserer Zeit.

Dr. Wayne Dyer, USA, ist der in den letzten zehn Jahren erfolgreichste amerikanische Vertreter des positiven Denkens und meistgelesener Autor von Selbsthilfebüchern. In Tausenden von Fernsehsendungen und Reden stellte er das von ihm für jeden einzelnen angestrebte Ideal bereits vor: sich zu einem Menschen zu entwickeln, der sich selbst keine Grenzen auferlegt und der sein Leben frei von inneren Blockaden führt.

Raymond Hull, Kanada, gibt in seinem Buch *»Alles ist erreichbar«* praktische Ratschläge, wie man positives Denken im Alltag trainiert und das Unterbewußtsein im Hinblick auf seine Ziele bewußt beeinflußt.

José Silva, Südamerika: Er schrieb das Buch *»SILVA-Mind-Control«,* in dem er seine Methode zur bewußten Nutzung der eigenen geistigen Möglichkeiten darlegt. Seine Kurse und Seminare wurden bereits von einigen Millionen Menschen auf der ganzen Welt besucht.

Shakti Gawain, USA, hat mit dem Buch *»Stell Dir vor«* einen erheblichen Beitrag zur Verbreitung des zum positiven Denken gehörenden Visualisierungstrainings geleistet.

Erhard F. Freitag, BRD, ist ein Schüler Murphys und der bedeutendste deutschsprachige Autor zum positiven Denken. Seine Bücher *»Kraftzentrale Unterbewußtsein«* und *»Hilfe aus dem Unbewußten«* sind bereits über sechshunderttausendmal verkauft – ein wesentlicher Beitrag zur Verbreitung des positiven Denkens. Vielen Menschen haben sie geholfen, ihre Lebensprobleme zu lösen.

Kurt Tepperwein, BRF, hat unter anderem die Bücher *»Geistheilung durch sich selbst«* und *»Kraftquelle Mentaltraining«* geschrieben. Insbesondere das von ihm entwickelte Mentaltraining enthält eine Fülle von Übungen, die den Erfolg des positiven Denkens unterstützen können.

Jane Roberts, USA, und ihre *Seth-Bücher,* haben mich besonders fasziniert, meinen geistigen Horizont erweitert. Sie enthalten eine Fülle faszinierender Gedanken über die Dimensionen unseres Bewußtseins und sind für alle Leser, die sich mit sogenannten »übersinnlichen« Themen befassen wollen, besonders interessant.

Soweit die bedeutendsten Lehrer und Autoren zum Thema positives Denken und dem weiten Feld der Bewußtseinserweiterung.

Nicht alle Autoren, die Bücher über dieses Thema schreiben, vermögen das Wesentliche vom Beiwerk zu unterscheiden. Eine ganze Reihe von Büchern können beim Leser leicht einen falschen Eindruck über die Lehre des positiven Denkens erzeugen, weil die beabsichtigte Erkenntnis oder Aussage in einer Anhäufung von Beispielen untergeht. Deshalb scheint es mir wichtig, das wirklich grundlegende Wissen zum positiven Denken einmal zusammenzufassen.

»Der Mensch vermag jede Kraft des Universums an sich zu ziehen und zu lenken, indem er sich zum geeigneten Kanal macht, Verbindung mit ihr aufnimmt und die Voraussetzungen dafür schafft, daß die Natur dieser Kraft sie zwingt, durch ihn hindurchzufließen!«

Roy E. Davis

Grundlagen des positiven Denkens – Eine Einführung in die Methode

Bei meinen Vorträgen und Seminaren werde ich oft gefragt, ob es nicht ein Buch gibt, in dem in wenigen Worten eine kurze Einführung in die Grundlagen des positiven Denkens für diejenigen gegeben wird, die sich zum ersten Mal mit dem positiven Denken befassen wollen. Im folgenden will ich daher versuchen, die Grundlagen des positiven Denkens und das typische Verhalten eines Positiv-Denkers in kurzer, leicht verständlicher Form darzulegen.

Die Lehre des positiven Denkens basiert auf der Erkenntnis, daß unsere Gedanken eine Kraft sind. Jeder Gedanke, den ein Mensch denkt, stellt eine Energie dar, die versucht, sich im Leben dieses Menschen zu materialisieren, zu verwirklichen.

Der Mensch denkt ungefähr fünfzigtausend verschiedene Gedanken pro Tag. Nicht jeder Gedanke ist so stark, daß er sich im Leben dieses Menschen verwirklichen kann. Hierzu kommt es auf die Intensität des Gedankens an: Viele verzettelte Gedanken bringen viele unfertige Ergebnisse, viele konzentrierte Gedanken bringen klare Erfolge. Wenn sich von den fünfzigtausend Gedanken zum Beispiel zehntausend mit einer ganz bestimmten Vorstellung beschäftigen, dann wird diese Vorstellung so stark energetisch aufgeladen, daß die Verwirklichung dieser Vorstellung erfolgt. Erfolg in diesem Sinne ist also das, was *er-folgt* als Ergebnis unserer eigenen Gedanken und Vorstellungen. Der Bibelsatz »*Das, was ich am meisten befürchtet habe, ist über mich gekommen*«, umreißt deutlich, was auf intensive Sorgen und Befürchtungen erfolgt.

Viele Menschen, die nicht an das positive Denken glauben, sind überraschenderweise gerne bereit zuzugeben, daß negatives Denken zu negativen Ergebnissen führt. Es ist jedoch immer dieselbe Kraft, die wir sowohl negativ als auch positiv einsetzen können. Auch wer nicht an die Kraft der Gedanken glaubt, setzt diese Kräfte, allerdings unbewußt, zur Steuerung seines Lebens ein. Die Aufladung unserer Gedanken mit kosmischer Energie findet also auch statt, wenn wir das positive Denken ablehnen. Wer mit diesen Gedanken-Energien nicht umgehen will, verzichtet darauf, durch den *bewußten* Einsatz des positiven Denkens mehr Harmonie und mehr Lebenserfolg zu erreichen, und muß statt dessen mit den Folgen seiner Alltagsgedankenwelt und ihren Auswirkungen leben.

Unser menschliches Bewußtsein besteht aus zwei Teilen: dem sogenannten *Tagesbewußtsein* und dem *Unterbewußtsein.* Das Tagesbewußtsein, in dem wir unsere Gedanken und Gefühle bewußt erleben, stellt nur die »Spitze des Eisberges« dar. Ungefähr neunzig Prozent unseres Bewußtseins sind unbewußt, stehen den meisten Menschen nicht bewußt zur Verfügung. Über diese neunzig Prozent des Bewußtseins sind jedoch alle Menschen miteinander verbunden (»kollektives Unterbewußtsein«). Sobald wir in diesem Teil ein (Denk-)Programm gespeichert haben, wird es gleichzeitig mit der Speicherung bei uns auch allen anderen Menschen gegenüber wirksam.

Ein Mensch, in dessen Unterbewußtsein das Programm »Keiner mag mich« abläuft, strahlt diese unbewußte Überzeugung aus, und unbewußt werden sich andere Menschen ihm gegenüber entsprechend verhalten. Dies liegt daran, weil wir unbewußt die im Unterbewußtsein gespeicherten Informationen mit anderen Menschen austauschen. Unterbewußtseinsprogramme wie »Ich bin arm«, »Ich bin wertlos«, »Ich bin kränklich«, »Ich bin ein Versager«, »Ich bin beruflich erfolglos«, »Ich schaffe das nicht« werden genauso wirksam wie zum Beispiel »Ich schaffe alles, was ich mir vornehme«, »Ich sehe attraktiv aus«, »Ich habe immer genug Geld«, »Ich bin gesund und fit«, »Ich bin erfolgreich in meinem Beruf«, »Ich bin selbstbewußt«. Es handelt sich hierbei nicht um »Zauberei« oder »Hokuspokus«, sondern diese inneren Glaubenssätze führen dazu, daß wir jene Menschen anziehen, die mit unseren eigenen Überzeugungen übereinstimmen, andere Menschen aber abstoßen, die nicht mit diesen Programmen harmonisieren. Außerdem wird unser eigenes Verhalten entsprechend unseren inneren Programmen, gesteuert und mit Energie verstärkt.

Demnach müssen wir folgende zwei Funktionen unseres Unterbewußtseins unterscheiden, wenn wir die Lehre des positiven Denkens verstehen wollen. Die erste Funktion besteht darin, daß das Unterbewußtsein ein Computer ist. Dieser Computer speichert alles, was wir denken und was wir uns vorstellen. Je stärker ein Gefühl ist, das diese Gedanken und Vorstellungen begleitet, um so intensiver ist der Eindruck, der im Unterbewußtsein zurückbleibt. Die zweite Funktion des Unterbewußtseins ist der schöpferische Aufgabenbereich: Jeden empfangenen und gespeicherten Gedanken, jede Vorstellung, jeden Wunsch und jede Angst oder Sorge verstärkt es mit kosmischer Energie.

Besonders wichtig ist in diesem Zusammenhang, daß unser Unterbewußtsein *unpersönlich* reagiert. Das bedeutet, es reagiert auf die *Inhalte unseres Bewußtseins.* Dabei ist es gleichgültig, ob diese Inhalte uns selbst betreffen oder ob diese Gedanken anderen gelten. Unsere Bewußtseinsinhalte werden in *jedem* Fall verstärkt. Ebenso ist es wichtig zu wissen, daß das Unterbewußtsein bei der Speicherung nicht »intelligent« vorgeht. Es unterscheidet nicht, ob unsere Gedanken positiv für uns sind oder nicht. Jeder Eindruck, alles wird gespeichert und verstärkt die bereits vorhandenen Programminhalte. Die Aufgabe der Beurteilung unserer Gedanken kommt allein unserem Tagesbewußtsein zu. Dies erklärt beispielsweise auch, warum unser Unterbewußtsein eine real erlebte Situation nicht von einer Situation unterscheiden kann, die nur in unserer Vorstellung stattgefunden hat. Sich Bilder einzuprägen und ihre Inhalte zu verstehen, fällt dem Unterbewußtsein besonders leicht. Diese Erkenntnis hat die Praxis des positiven Denkens revolutioniert. Während früher die Autosuggestionen im Vordergrund standen und man sich diese positiven Vorstellungen wie Emil Coués »Es geht mir in jeder Beziehung von Tag zu Tag immer besser und besser!« durch regelmäßiges Wiederholen in sein Unterbewußtsein einprägte, wird in den Seminaren über positives Denken heute besonders Wert auf das Training der Imagination gelegt, also auf die Fähigkeit, in seiner Vorstellungskraft bewußt positive Bilder zu entwikkeln.

Neuere Forschungen über die erfolgreiche Beeinflussung unseres Unterbewußtseins haben noch eine weitere wesentliche Erkenntnis für die Praxis des positiven Denkens gebracht: Es gibt Bewußtseinszustände, die einen direkten Zugang zum Unterbewußtsein ermöglichen. Hierbei handelt es sich um die sogenannte Alpha-Ebene. Auf dieser Bewußtseinsebene sind wir entspannt, das Gehirn produziert Alphawellen und ist besonders aufnahmefähig. In der Hypnose zum Beispiel nützt man diese Erkenntnis und kann dadurch entscheidende Veränderungen in der unterbewußten Steuerung der Persönlichkeit in kürzester Zeit erreichen. Da wir nicht zum Hypnosetherapeuten gehen müssen beziehungsweise wollen, um positives Denken zu praktizieren, ist es für uns interessant, daß wir uns durch leicht erlernbare Methoden der Tiefenentspannung selbst in diesen Zustand der direkten Beeinflußbarkeit des Unterbewußtseins versetzen können.

Vorstellungsbilder und suggestive Gedanken, die wir uns in diesem geistig entspannten Zustand machen, können bis fünfzigmal schneller zur Auswirkung kommen als Gedanken und Vorstellungen, die wir uns im vollen Tagesbewußtsein machen. Dies hängt auch damit zusammen, daß wir uns im Alltag kaum auf einen Gedanken für längere Zeit konzentrieren können. Positives Denken erfordert daher besonders am Anfang tägliche Übung, und die Erfolge durch positives Denken fallen nicht vom Himmel. Erst wenn die erwünschten Vorstellungen im Unterbewußtsein wirklich Fuß gefaßt haben, können wir mit entsprechenden Ergebnissen rechnen. Da viele Menschen in diesen Dingen keine Ausdauer besitzen und nicht bereit sind, diese täglichen Übungen über einen Zeitraum von etwa drei Wochen zu praktizieren, erleben sie erst gar nicht die Phase, in der eine Innensteuerung beginnt.

Besonders Kritiker des positiven Denkens sind oft nicht bereit, sich einmal *vorbehaltlos* auf die Übungen einzulassen. Sie vereiteln dadurch selbst eine positive Erfahrung, die für sie selbst von Nutzen sein könnte.

Entscheidend für den Erfolg durch positives Denken ist die innere Überzeugung.

»Wenn Du Deine Übungen machst, positive Gedanken und Vorstellungen produzierst und nicht daran glaubst, daß sie eintreten werden, dann kann das erwünschte Ergebnis nicht erfolgen!«

Skeptiker, die sagen, »Ich mache die Übungen, aber das klappt ja doch nicht!«, stehen sich mit dieser Negativ-Erwartung selbst im Wege und erleben schließlich, was ihrem Glauben entspricht.

Wie funktioniert nun die Verwirklichung der ins Unterbewußtsein eingepflanzten Wünsche?

Genau wie ein Landwirt seine Saat, die er in den Boden gepflanzt hat, zunächst in Ruhe läßt, damit sie sich entwickelt, muß auch beim positiven Denken der Zeit des Säens (der Einprogrammierung ins Unterbewußtsein) eine Phase der Ruhe folgen, in der die Natur ihre Wirkung entfalten kann. Wenn wir ständig voller Ungeduld nachforschen, ob das Ergebnis schon sichtbar wird, verhalten wir uns wie ein Landwirt, der täglich den eingepflanzten Samen wieder ausgräbt, um zu sehen, ob schon etwas wächst. Unter diesen Umständen kann sich unmöglich eine gesunde Pflanze oder ein erfolgreiches Ergebnis entwickeln.

Vertrauen und Gelassenheit während der Zeit, in der sich das Ergebnis unsichtbar entwickelt, sind ein weiterer wichtiger Schritt auf dem Wege zum Erfolg durch positives Denken.

Alle in unserem Unterbewußtsein verankerten Vorstellungen werden, ohne daß wir es bewußt zur Kenntnis nehmen, durch die schöpferische Energie unseres Geistes aufgeladen. Diese Aufladung der eigenen Vorstellungen, Sorgen und Erwartungen mit kosmischer Energie führt dazu, daß Umstände in unser Leben treten, die das, was wir denken und was wir uns intensiv vorgestellt haben, Wirklichkeit werden lassen. Plötzlich begegnen wir den Menschen, die uns helfen können und wollen. Wir werden ohne bewußte Planung in Situationen verwickelt, die uns zum gewünschten Ziel führen, obwohl unser Tagesbewußtsein die in dieser Situation verborgenen Chancen nicht sehen konnte. Wir spüren, daß wir von innen heraus dazu gedrängt werden, Dinge zu tun, die zur Erreichung des vorgestellten Ziels führen. Wir entfalten plötzlich Aktivitäten, die uns Chancen und Möglichkeiten eröffnen. Wir sitzen nicht mehr hinter dem Ofen und warten, daß etwas Positives passiert.

Persönliche Aktivität gehört ebenfalls zum positiven Denken. Wenn wir wissen, daß wir etwas tun können, dann tun wir es. Wenn wir uns jedoch von innen heraus nicht dazu aufgefordert fühlen, sind wir in der Lage, gelassen abzuwarten, bis der richtige Augenblick zum Handeln gekommen ist, statt hektische und aufgeregte Aktivitäten zu entfalten, die uns der Lösung doch nicht näher bringen.

Die Anhänger des positiven Denkens achten ganz bewußt auf ihre Gedanken, um keine negativen Lebensumstände durch negatives Denken zu verursachen. Immer wenn sie sich bei negativen Gedanken ertappen, setzen sie gezielt eine positive Einstellung an deren Stelle. Insbesondere wenn Probleme und Schwierigkeiten auftreten, wird der Positiv-Denker alle negativen Gedanken vermeiden, da sie zu einer Verstärkung eines Problems beitragen können.

Da alle negativen Gedanken und Gefühle, alle unsere Probleme und Sorgen uns darauf hinweisen wollen, daß wir unseren Geist falsch einsetzen, sind sogar diese Erlebnisse als positiv anzusehen. Wir erhalten durch sie die Chance, uns und unser Leben zum Positiven zu verändern.

Positiv denken bedeutet nicht, daß sich ein Mensch weltfremd von den Problemen des Lebens distanziert und diese verdrängt. Es ist vielmehr so, daß ein Positiv-Denker jedes auftauchende Problem ausschließlich *unter dem Blickwinkel der Lösung betrachtet* und durchdenkt.

- Positives Denken ist immer ein *Möglichkeitsdenken.*
- Positives Denken findet immer Lösungen, die für alle Beteiligten positiv sind.
- Positives Denken vermindert den Kampf gegeneinander und fördert das erfolgreiche Miteinander von Menschen mit gleicher innerer Zielsetzung.

Das Prinzip des positiven Denkens ist sehr einfach zu begreifen. Jeder Mensch kann die Grundlagen bereits in einem Seminar von zwei bis drei Stunden Dauer erlernen. Das Problem, das die meisten Menschen vom positiven Denken abhält, liegt nicht in ihrem mangelnden Verständnis, dieses Prinzip zu begreifen, sondern in der Tatsache, daß es langwierig und schwierig sein kann, von den bisherigen und festgefahrenen Denkgewohnheiten freizuwerden. Dieses Freisein von inneren Begrenzungen und Negativprogrammen ist für jeden Menschen erreichbar. Allerdings lauern im Alltag häufig »Fallen«, die positives Denken leicht zum Scheitern bringen und eine Veränderung unseres Lebens zum Positiven verhindern. Auf diese »Fallen« sollte man vorbereitet sein und wissen, wie man sie systematisch umgeht oder überwindet.

»Wer nicht ermüdet,
ermüdet Not und Elend.«
Anon

Die wichtigsten Negativ-Fallen im Alltag

Probleme beim positiven Denken treten immer dann auf, wenn wir uns nicht an die Grundsätze halten. Viele Verhaltensweisen, die ein durchschnittlich denkender Mensch sich täglich erlaubt, sind nicht mehr akzeptabel für den, der Erfolg durch positives Denken haben will. Sogar erfahrene Positiv-Denker übersehen bisweilen den Punkt, daß das Unterbewußtsein völlig unpersönlich reagiert, Informationen wertfrei aufnimmt und so die vorhandenen Bewußtseinsinhalte verstärkt. In der Praxis bedeutet das, daß auch alle negativen Gedanken und Vorstellungen über andere Menschen, die wir in unserem Bewußtsein haben, sich *für uns* verwirklichen.

Wenn wir Menschen sind, die nur sich selbst alles Gute wünschen, anderen Menschen aber nichts gönnen, dann wird das wertneutral arbeitende Unbewußte das Gute und Schlechte gleichermaßen auf *uns* lenken. Trotz positiver Vorstellungen kommen viele Menschen nicht recht voran. Sie machen den Fehler, daß sie für ihren Teil positiv denken, ihre Gedanken für die Belange anderer Menschen jedoch nach wie vor negativ sind. Sie treten mitunter jahrelang auf der Stelle oder, was noch schlimmer ist, sie erfahren überwiegend Negatives, weil ihre negativen Gedanken bezüglich ihrer Mitmenschen die positiven Gedanken für die eigene Person weit übersteigen. Hier hilft nur eins: Sich negative Gedanken gegenüber anderen konsequent abzugewöhnen. Jedesmal wenn in uns ein negativer Gedanke zu Mitmenschen aufsteigt, sollten wir diese segnen und ihnen das Beste wünschen. Denn dies ist der einzige Weg, unsere negativen Bewußtseinsinhalte zu korrigieren. Unser Bewußtsein muß für alle Menschen, einschließlich uns, die gleichen guten Wünsche beinhalten.

Ähnlich verhält es sich, wenn wir in unserem Leben negative Zustände zum Positiven verändern wollen, wir uns aber weigern, die Verantwortung für unser Leben und unsere Lebensumstände selbst zu übernehmen. Wir können uns nicht einfach aus der Verantwortung stehlen und sagen, die anderen sind schuld. Genauso brauchen wir es umgekehrt nicht zuzulassen, daß ein anderer uns die Schuld an seinem Dilemma zuschiebt.

Es gibt viele Menschen, die zu bequem sind, um an sich selbst zu arbeiten und versuchen, ihre eigenen Mängel auf andere zu transformieren. Immer dann, wenn etwas Negatives oder Unangenehmes auf sie zukommt, geben sie anderen die Schuld. Sie machen anderen Vorwürfe, um von den eigenen Unzulänglichkeiten abzulenken. Wenn wir uns so verhalten, geraten wir in einen gefährlichen Kreislauf. Als Mensch, der positiv denkt, dürfen wir erstens *so* nicht handeln und uns zweitens nicht als angeblich schuldige Täter mißbrauchen lassen.

Positives Denken wirkt immer von innen nach außen. Was andere Menschen uns antun, wurde von uns selbst ausgelöst. Solange wir anderen die Schuld an unseren Problemen geben, sind wir nicht in der Lage, uns von diesen Problemen zu befreien. Angenommen wir befinden uns mit jemandem in einem Konflikt, dann liegt es in unserer Macht, diesen Zustand zu ändern. Doch erst, wenn wir dies begriffen haben, sind wir in der Lage, unsere eigenen Gedanken zur Lösung dieses Problems einzusetzen.

Viele Menschen beklagen sich häufig darüber, wie schlecht sie von anderen behandelt werden. Sie erklären ausführlich, warum sie keine positivere Lebenseinstellung haben können, solange sie immer wieder dem negativen Verhalten anderer ausgeliefert sind. Diese Opferrolle verhindert von vornherein eine Lösung durch positives Denken. Solange wir uns als Opfer eines oder mehrerer anderer Menschen sehen, verlagern wir die Verantwortung für unser Problem nach außen, und dies verhindert die Lösung. Es gibt nur einen Menschen, der Verantwortung für unser Leben trägt – wir selbst!

Wir selbst entscheiden über unsere Lebensumstände – immer. Unser Leben, so wie es heute ist, ist das Ergebnis unserer Entscheidungen, die wir in der Vergangenheit getroffen haben. Wenn wir mit irgendwelchen Lebensumständen oder mit Beziehungen nicht einverstanden sind, dann liegt es an uns, sie zu verändern. Lassen wir alles beim alten, dann ist niemals ein anderer Mensch daran schuld.

Wichtig ist es für uns zu erkennen, daß wir andere Menschen lehren, wie man uns zu behandeln hat. Versucht ein Mensch, uns zu unterdrükken, dann haben wir ihm signalisiert, daß wir uns unterdrücken lassen könnten. Wenn wir dies nicht (mehr) wollen, dann liegt es an uns, ihm ein neues Signal zu geben. Er wird sich darauf einstellen müssen, wenn er uns nicht verlieren will.

Wenn wir innerlich nicht mehr bereit sind, die bisherige »Rolle« weiterzuspielen, kann uns niemand dazu zwingen, es doch zu tun.

Die Lösung dringt von innen nach außen, indem wir unsere inneren Gedanken und Einstellungen ändern. *Wir müssen uns selbst als einzige Quelle zur Lösung unserer Probleme ansehen, wenn wir Erfolg dabei haben wollen.*

Weit verbreitet sind auch unehrliche Kommunikation und mangelnde Offenheit. Grund hierfür ist oft der falsch verstandene Versuch, es anderen recht zu machen, andere nicht vor den Kopf zu stoßen. Scheinbar unlösbare Lebensprobleme oder unbefriedigende Kompromisse sind die Folge. So verbringen viele Menschen ihr Leben in der Umgebung von Menschen, die sie nicht wirklich mögen, weil sie es nie übers Herz brachten, ihnen dies einmal zu zeigen. Statt andere zu verletzen, zerstören sie lieber sich selbst. Dies kann nicht der Weg zu einem positiven Leben sein.

Wenn wir mit anderen Menschen kommunizieren, dann sind nicht nur unsere Worte beteiligt, sondern auch unsere innersten Gedanken und Gefühle. Diese wirken sogar wesentlich stärker als das, was wir sagen. Nehmen wir einmal an, wir sind zu einem Familienfest eingeladen und wir haben keine Lust, daran teilzunehmen. Die ehrliche Reaktion wäre, daß wir nicht zu dieser Veranstaltung gehen. Tun wir es dennoch und verhalten uns den ganzen Abend so, als wären wir gerne da – obwohl wir innerlich negative Gedanken und Gefühle dazu haben, dann sollten wir uns darüber klar sein, daß die anderen Menschen dies spüren und auf unsere unterschwelligen Gedanken und Gefühle reagieren.

Wenn wir dann noch behaupten, *»Ich habe doch gar nichts Negatives gesagt«*, belügen wir uns nur selbst. Wir können unsere innersten Gedanken und Gefühle nicht wirklich vor anderen verbergen. Genauso wie wir es spüren, wenn jemand nicht offen zu uns ist, bemerken andere unsere gespielte Offenheit.

Die Lösung ist, einfach zu sagen, was man wirklich denkt. Jeder Mensch hat dieses Recht. Wenn man keine Lust hat, zu einem Treffen zu gehen, dann ist es besser zu sagen, daß man nicht kommt, als dort negativ über die Veranstaltung und die anwesenden Gäste zu denken.

Offene Kommunikation bedeutet, daß wir uns erlauben, das zu sagen, was wir denken. Selbstverständlich auf eine Art, die fair und verständnisvoll den anderen Menschen gegenüber ist. Aber dieses Eingehen auf andere sollte nicht so weit gehen, daß wir unsere inneren Bedürfnisse verleugnen.

Konflikte mit anderen Menschen können wir nicht dadurch lösen, indem wir mit allen über die Schwierigkeit sprechen, nur nicht mit den Betreffenden selbst. Menschen scheinen oft alles zu tun, um dem direkten Konfliktgespräch aus dem Weg zu gehen. Dies kann nie zu einer positiven Lösung führen. Sie kann nur über ein ehrliches und offenes Gespräch gefunden werden, oder wir schließen innerlich Frieden mit unserem »Gegenspieler«.

Positives Denken kann ganz gezielt zur Verwirklichung von Wunschvorstellungen eingesetzt werden. Doch dazu müssen wir unsere Wünsche und Ziele genau kennen. Häufig können wir uns nicht entscheiden, so daß wir zwischen verschiedenen Wunschvorstellungen hin- und herpendeln: Mal wollen wir dies, mal wollen wir das. Täglich geben wir unserem Unterbewußtsein Impulse ein, die sich widersprechen. Man könnte dies genauso mit einer Taxifahrt vergleichen, auf der wir dem Fahrer einen immer neuen, völlig anderen Zielpunkt angeben, bis schließlich jede Orientierung verloren ist. Abgesehen davon, daß es dem Taxifahrer egal ist, wie lange wir dieses Spiel betreiben, weil es ja unser Geld kostet, werden wir niemals irgendwo ankommen, wenn wir uns nicht irgendwann ganz klar für ein Ziel entscheiden.

Auch die Kräfte unseres Unterbewußtseins sind nur dann in der Lage, uns ans Ziel zu bringen, wenn wir dieses Ziel kennen und wenn wir dem Unterbewußtsein dieses Ziel ganz eindeutig mitteilen. Der Zweifel an unserem Ziel ist ein Handicap, an dem wir scheitern könnten. Immer wenn wir sagen, »Ich will dieses und jenes Ziel erreichen«, setzen sich die Kräfte des Unterbewußtseins in Bewegung. Wenn wir aber in unseren Selbstgesprächen sagen, »Ich glaube nicht, daß ich dieses Ziel erreiche«, dann stoppt die kosmische Energie sofort und wendet sich dieser neuen Suggestion zu. Man kann sich leicht vorstellen, wie die Energien zwischen Zielerreichung und Zielverhinderung hin- und herschwingen. Auf diese Weise kann kaum etwas gelingen.

Oft jedoch ist es so, daß wir unser Ziel nicht genau kennen. Viele Menschen machen dann den Fehler, daß sie darüber klagen, daß sie nicht wissen, was sie tun oder denken sollen. Aber auch das ist eine Suggestion und auch sie wird sich auswirken. In diesem Fall ist es besser, darauf zu vertrauen, daß unser Unterbewußtsein in der Lage ist, das für uns richtige Ziel selbst zu erkennen. Ein Positiv-Denker wird sich in einer solchen Situation vorstellen, daß ihm in Kürze eine positive Lösung einfallen und begegnen wird und wird diese Lösung gelassen abwarten.

Wie bereits an früherer Stelle beschrieben wurde, versteht das Unterbewußtsein Bilder und Vorstellungen leichter als Worte. Nicht-Positiv-

Denker haben die Angewohnheit, sich jeden Schrecken in den buntesten Farben auszumalen. Dagegen versagt ihre Fantasie, wenn es darum geht, sich etwas Positives vorzustellen. Es ist leicht verständlich, daß dieser Vorgang ganz große Probleme nach sich zieht. Jede Sorge und jede Angst werden automatisch in Bilder umgesetzt, die sich leicht ins Unterbewußtsein einprägen und von dort energetisch verstärkt zur Verwirklichung drängen. Solange diese Angewohnheit nicht überwunden wird, ist immer wieder mit Störungen beim positiven Denken zu rechnen, denn die schwachen Vorstellungen des Positiven können die starken Auswirkungen der Negativbilder nicht ausgleichen.

Hier ist es wichtig, einerseits die Entstehung von Angstbildern abzubauen und parallel dazu die Produktion positiver Vorstellungen und Wünsche zu erlernen.

Positive Fantasien sind ein intensiv wirksames Erfolgsmittel und gezieltes Tagträumen kann oft mehr bewirken als tagelanges angestrengtes Nachdenken und Grübeln. Sie sollten jedoch nicht den weitverbreiteten Fehler machen, die alleinige Wirkung der Imagination zu überschätzen, und die Notwendigkeit gezielter Aktivitäten nicht unterschätzen.

Nachdem wir mit den Imaginationsübungen begonnen haben, werden wir von innen heraus oder möglicherweise auch durch einen Anstoß von außen dazu angehalten, etwas zu tun. Es ist verständlich, daß unsere Tatkraft in Verbindung mit positiven Vorstellungen erheblich effektiver sein kann und zu einem guten Ergebnis führt. Bloßes Positiv-Denken bringt keine Erfüllung. Der Mensch ist dazu geschaffen zu handeln, aktiv zu sein und seine Kräfte zu erproben. Schwierigkeiten oder Hindernisse, die uns auf unserem Weg begegnen, sind nur ein Prüfstein, ein Test für uns. Viele Menschen erreichen ihre Ziele nur deshalb nie, weil sie zu früh aufgeben, sich sofort geschlagen geben. Sie machen keinen Unterschied zwischen einem Rückschlag und einer endgültigen Niederlage: Nach einem Rückschlag ist man wieder aufgestanden und hat weitergemacht! Warum sollte man diese Chance vergeben, solange nicht alles verloren ist?

Die Überprüfung des Erfolgsweges all jener Leute, die sich an der »Spitze« befinden, hat eines ganz klar ergeben: Sie sind nicht einfach dort gelandet! Der Erfolg, sein Ziel zu erreichen, hat immer Hindernisse, und nur der wird ankommen, der immer wieder mit neuer positiver Einstellung weitermacht. Oft hat es sich schon gezeigt, daß sich der »ganz große Erfolg« und die endgültige Zielerreichung direkt im Anschluß an einen besonders großen Rückschlag einstellen. Erreichen kann es jedoch nur, wer sich nach diesem Rückschlag wieder aufrafft und zuversichtlich weitermacht.

Immer, wenn wir uns von den Gedanken an die Vergangenheit oder von den Sorgen der Zukunft niederdrücken lassen, schließen wir uns von den wohltuenden Auswirkungen des positiven Denkens aus.

Wir sollten uns aber bewußt werden, daß es immer nur einen einzigen Augenblick gibt, in dem wir wirklich leben, nämlich im Jetzt. Alles, was gestern war, ist heute vorbei, und alles, was morgen sein wird, ist heute ungewiß.

Zum Gestern: Viele Menschen verderben sich das Leben damit, daß sie im Heute Schuldgefühle für das Gestern produzieren. Entweder sie werfen sich selber vor, daß sie dies oder jenes nicht getan haben beziehungsweise nicht hätten tun sollen. Oder sie beklagen sich darüber, daß andere Menschen diese oder jene Schuld auf sich geladen hätten. Sie suchen geradezu Ausflüchte und geben sie als Grund dafür an, daß sie heute nicht glücklich und positiv leben können.

Zum Morgen: Gleichzeitig ängstigen sich viele Menschen davor, was wohl morgen an Problemen auf sie zukommen wird und vor allem, wie sie diese wohl bewältigen sollen. Die Sorge vor dem, was in der Zukunft passiert, verhindert, daß sie heute ein positives und harmonisches Leben verbringen.

»Wenn meine Mutter mich nicht vor 35 Jahren so schlecht behandelt hätte, dann könnte ich jetzt glücklich sein!« oder »Wenn die Atombomben von der Erde verschwunden sind, dann besteht für mich die Möglichkeit, eine positivere Einstellung zu den Dingen zu bekommen!« sind zwei Beispiele, die das bequeme und zugleich selbstzerstörerische Denken vieler demonstrieren. Sie vergessen dabei eins: *»Der menschliche Geist hat seinen eigenen Raum. Er kann sich den Himmel zur Hölle und die Hölle zum Himmel machen!«* Diesen Satz von John Milton wenden viele von uns nur halbherzig an. Sie machen sich nur den Himmel zur Hölle.

Mark Twain sagte einmal am Ende seines Lebens: »Ich bin ein alter Mann und ich hatte eine ganze Menge Probleme. Die meisten davon sind nie passiert!«

Fünfundneunzig Prozent unserer Sorgen treten niemals ein. Fünfundneunzig Prozent unserer Befürchtungen, die wir vor dem Morgen haben, erfüllen sich nicht. Die meisten unserer Ängste sind unbegründet. Unser Leben verläuft anders, führt nicht dorthin, wovor wir Angst haben. Wir müssen lernen, daß einzig und allein unsere innerste Beurteilung einer Situation entscheidet, ob etwas für uns positiv oder negativ ist. Wenn wir zurückdenken, dann beurteilten wir in der Vergangenheit vieles negativ, unmittelbar nachdem es geschehen war – was sich im nachhinein als positiv erwies. Immer wenn wir in eine Situation geraten, die uns im Augenblick negativ erscheint, sollten wir erst einmal eine Pause in unserem Beurteilungsprozeß einlegen und sagen: *»Ich will zunächst prüfen, was sich Positives in dieser Situation verbirgt.«* Mit dieser Einstellung ist es ziemlich sicher, daß wir aus jeder Situation das Beste herausholen. Grundsätzlich sollten wir uns als Positiv-Denker folgendes klarmachen: *»Es ist im Grunde genauso aberwitzig, von einer negativen Entwicklung überzeugt zu sein wie von einer positiven!«* Denn gerade die innere Überzeugung ist es doch, die in uns die Energien mobilisiert und Kräfte in Bewegung setzt, die wiederum genau das unterstützen und herbeiführen, wovon wir überzeugt sind!

»Wir wissen einfach nicht genug, um das Recht zu haben, ein Pessimist zu sein«, dieser Satz sagt einiges darüber aus, wie wir das Leben betrachten sollten.

Wenn wir uns aber schon Sorgen und Angstzustände erlauben, dann sollten wir wenigstens darauf achten, daß diese uns nicht lahmlegen. Jede Situation, in der wir aus Angst – vor etwas, was wahrscheinlich sowieso nicht eintreten wird – innerlich wie gelähmt sind, reduziert unsere Zeit, die uns für ein positives Leben zur Verfügung steht.

Es gibt auch Menschen, die lassen sich von ihren Problemen aktivieren. Sie sagen sich: »Ich will diese Situation *so* nicht erleben, und ich werde jetzt etwas tun, um dies zu ändern!« Mit dieser Einstellung kann man sogar aus negativen Gefühls-Situationen noch etwas Positives machen.

Wer zu Depressionen neigt, kann diese am einfachsten dadurch heilen, indem er etwas unternimmt. Wie seine Aktivität aussieht, ist in diesem Fall weniger ausschlaggebend. Wichtig ist, daß er mit dem Grübeln aufhört und beginnt, sich tatkräftig mit etwas zu beschäftigen. Dies ist der Start zur positiven Wende.

Im Grunde genommen basieren fast alle Probleme, die uns im Alltag das Leben schwer machen, auf einem einzigen Punkt. Es fehlt uns an Vertrauen. Statt dessen geht das Mißtrauen um. Jeder mißtraut jedem. Viele Menschen leben in dem Bewußtsein: »Die Menschen sind schlecht, und du kannst niemandem trauen!« Diese Einstellung führt automatisch dazu, daß man Menschen und Umstände anzieht, die zu dieser inneren Vorstellung passen. Wer so denkt, ist selbst die Ursache dafür, daß er diese negativen Erfahrungen macht.

Es gibt zur Zeit ungefähr vier Milliarden Menschen auf der Welt. Jeder Mensch kennt im Durchschnitt zweihundertfünfzig Menschen näher. Diese zweihundertfünfzig Menschen stellen für ihn *»die Menschen«* dar. Wenn er innerlich voller Mißtrauen ist, dann wird es ihm nicht auffallen, daß er aus der Gesamtzahl der Menschen in seinem Land zweihundertfünfzig negative und unkorrekte Leute an sich zieht. Wenn er dann die Erfahrungen macht, die seinen innersten Erwartungen entsprechen, dann ist es einfach, die Schuld hierfür diesen Menschen zuzuschieben.

Aber: Wir selbst sind der Magnet, der die anderen Menschen anzieht, und wir werden magnetisch von anderen Menschen angezogen. Sollte es sein, daß wir Leute, die Geld haben, nicht ausstehen können, dann werden wir keine harmonische Beziehung zu wohlhabenden Menschen erleben können. – Wenn wir glauben, daß alle Menschen es nur auf unser Geld abgesehen haben, dann könnten wir genauso alle Anschlagtafeln der Stadt mit dieser Mitteilung bekleben. Wer es darauf abgesehen hat, jemanden seines Geldes zu bestehlen, wird durch diese unsere Gedanken unterschwellig angezogen. Wenn wir mißtrauisch sind und immer glauben, daß uns etwas Negatives passieren wird, dann sind wir die treibende Kraft, die unseren später sich bewahrheitenden negativen Erfahrungen nur Vorschub leistet.

Um positiv denken zu können, müssen wir unbedingt vertrauen lernen. Vertrauen ist eine der größten Kräfte, die wir zu unserem Wohlergehen einsetzen können. Wir Menschen sind in der Lage, ein wesentlich größeres Wissen für uns einzusetzen, als wir gemeinhin glauben. Wie wir denken entscheidet über unsere Möglichkeiten im Leben. Positiv denken macht frei von inneren Blockaden und eröffnet uns Möglichkeiten, die wir uns im Augenblick noch gar nicht vorstellen können. Wenn wir lernen können zu vertrauen, dann werden sich viele unserer Probleme leichter lösen lassen oder erst gar nicht auftauchen. Wichtiger als das Vertrauen in andere Menschen ist das Vertrauen in uns selbst. Dieses Selbstvertrauen fußt darauf, daß unsere Gedanken *die* Kraft sind, die unser Leben bestimmt und steuert, und daß wir unser eigenes Denken nur im Griff behalten müssen, wenn wir Harmonie, Erfolg, Gesundheit, Zufriedenheit und Glück erleben wollen.

Selbstvertrauen heißt überzeugt zu sein, daß unser eigener Geist in der Lage ist, positive Lösungen für jedes Problem zu finden, mit dem wir in unserem Leben überhaupt konfrontiert werden können. Diese Konflikt- oder Problemlösungsfähigkeit geht weit über das hinaus, was in unserem Tagesbewußtsein an Kenntnissen und Erfahrungen vorhanden ist. Sie beruht auf dem Zusammenwirken von innersten Gefühlen, Intuition, Offenheit gegenüber sich und anderen, Vertrauen und Selbstvertrauen. Unser wahres Selbst hat positive Lösungen für alle Probleme – auf dieser Erkenntnis basiert wahres Selbstvertrauen.

Es ist nicht schlimm zu erkennen, daß wir gegen die hier angeführten und zum positiven Denken unbedingt nötigen Voraussetzungen in der Vergangenheit verstoßen haben. Es ist positiv zu bewerten, daß wir dies jetzt erkannt haben und bereit sind, uns jetzt zu ändern. Es gehört zu den Grundsätzen des positiven Denkens, daß wir immer wieder anfangen können, uns neu auf diese Prinzipien einzustellen: Alles, was war, ist vorbei. Nur was jetzt ist, zählt. Das Morgen ist das Ergebnis dessen, was wir heute denken. Denke ich heute positiv, kann ich morgen Positives erleben. Schauen wir nicht zurück, auf das, was wir nicht getan haben – schauen wir nicht zu weit nach vorn und verlieren uns in entfernten, ungewissen Details. Ergreifen wir den einzigen Augenblick, den wir wirklich besitzen:

Denken wir *jetzt* positiv!

»Machen Sie sich zu dem Menschen,
der Sie sein wollen,
und Sie werden die Freunde finden,
die Sie haben wollen!«

Was ändert sich durch positives Denken im Privatleben?

Alle Menschen, die positives Denken wirklich praktizieren, können auf große positive Veränderungen in ihrem persönlichen Leben verweisen.

Da sind zum Beispiel das deutlich gesteigerte Selbstvertrauen zu nennen, das ein Positiv-Denker automatisch entwickelt. Durch die Erkenntnis, daß wir selbst die wichtigste Ursache für unsere Lebensumstände sind, gewinnen wir im Laufe der Zeit an Sicherheit, die von tief innen heraus kommt. Diese Sicherheit bezieht sich weniger darauf, daß uns nichts Unvorhergesehenes mehr zustoßen wird, weil wir unsere Gedanken im Griff haben, sondern vielmehr darauf, daß wir uns fähig fühlen, mit den ständigen Veränderungen, die das Leben mit sich bringt, zurechtzukommen.

Das Prinzip des Lebens ist Wandel. Alles, was lebt, ändert sich. Der durchschnittlich denkende Mensch hat Angst vor der Veränderung. Er versucht, seine Sicherheit daraus zu beziehen, daß er sich auf möglichst wenig Veränderungen einstellen muß. Es ist typisch für den normal denkenden Menschen, daß er innerlich häufig gegen Dinge ankämpft, die zum Leben und Alltag gehören. Er kritisiert, beklagt oder empfindet Umstände als negativ, wie zum Beispiel: »Ich will nicht, daß ich Grippe habe«, »Ich will nicht, daß mein Geld schon am zwanzigsten aufgebraucht ist«, »Ich will nicht, daß mein Nachbar sich schon wieder ein neues Auto gekauft hat«. Sinnvoller wäre es, die Energien für solche »Klagelieder« zur Verbesserung der eigenen Umstände einzusetzen.

Anders der Positiv-Denker. Er weiß, daß bestehende Umstände zuerst einmal von ihm angenommen werden müssen. Dieses Annehmen zeichnet den positiv denkenden Menschen in seinen Verhaltensweisen aus. Er klagt nicht über das, was geschehen ist, sondern konzentriert seine Kräfte darauf, aus einer unerwünschten Situation etwas Positives zu machen.

Positiv-Denker betrachten Veränderungen als Chance für Verbesserungen. Auch wenn sie mit Veränderungen konfrontiert werden, die scheinbar negativ für sie sind, vertrauen sie darauf, daß sich aus dieser Situation etwas Positives entwickeln wird. In ihren Gedanken und Vorstellungen lenken sie ihre Energien auf das Heranziehen einer positiven Lösung.

Positiv denkende Menschen sind bessere Partner. Das hängt ganz einfach damit zusammen, daß gegenseitige Schuldzuweisungen keinen Platz mehr haben. Ein Positiv-Denker akzeptiert unterschiedliche Auffassungen seines Partners in den verschiedenen Lebensbereichen. Er weiß, daß beide Partner ihre eigene Persönlichkeit unmöglich entwickeln können, wenn unterschiedliche Meinungen, Vorlieben und Einstellungen nicht zugelassen, toleriert oder auch anerkannt werden.

Veränderungen in der Einstellung ihres Partners werden von Positiv-Denkern niemals als bedrohlich empfunden, weil sie darin einen Lebensbeweis und die Chance für eine lebendige, sich gegenseitig stimulierende Weiterentwicklung der Partner sehen. »Klammeraffen« gibt es in der Beziehung positiv denkender Menschen nicht.

Die Risikobereitschaft des positiv denkenden Menschen ist deutlich größer. In jedem einzugehenden Risiko sieht er die Möglichkeit, sein Leben zu verbessern.

Wenn wir uns einmal drei unterschiedliche Lebensprobleme ansehen, mit denen wir alle konfrontiert werden, dann werden die Unterschiede im Verhalten zwischen dem Positiv- und Normal-Denker deutlich:

1. Krankheit

Der normal denkende Mensch läßt sich von seiner Krankheit vereinnahmen. Sein ganzes Denken kreist intensiv um diese Krankheit. Er versucht, immer mehr über sie zu erfahren. Er malt sich aus, was alles aus dieser Krankheit entstehen könnte und wird zum Spezialisten für diese Krankheit, für ihre Symptome und alles, was mit ihr zusammenhängt.

Der positiv denkende Mensch akzeptiert erst einmal, daß er eine Gesundheitsstörung hat. Er geht sicher auch zum Arzt oder zum Heilpraktiker, um sich behandeln zu lassen, aber in seinem Denken und Fühlen konzentriert er sich darauf, seinem Unterbewußtsein Vorstellungen und Bilder von Gesundheit zu vermitteln. Er weiß und vertraut darauf, daß die Gesundung von innen kommt.

Die innere Einstellung des Kranken zu seinen Heilungschancen trägt wesentlich mehr zur Gesundung bei, als die meisten Menschen glauben.

Selbstheilungen durch positives Denken kommen öfter vor, als die Menschen wissen.

2. Einsamkeit

Einsamkeit ist ein innerer Zustand. Die Gedanken eines einsamen Menschens drehen sich unaufhörlich um seine Einsamkeit. Das Unterbewußtsein erhält ständig Suggestionen wie beispielsweise »Keiner mag mich«, »Ich bin völlig allein und einsam«, »Ich bin es nicht wert, daß sich jemand um mich kümmert«. Diese Suggestionen führen dazu, daß alle Kräfte des Unterbewußtseins sich darauf konzentrieren, diese zu verwirklichen. Auch hier verwechselt der Mensch Ursache und Wirkung.

Ein positiv denkender Mensch, der zum Beispiel wegen Scheidung oder durch den Tod seines Partners plötzlich allein ist, muß sicher auch seine innere Trauerarbeit leisten. Obwohl er seinen Partner verloren hat, macht er aber nicht den Fehler zu glauben, daß er sein zukünftiges Leben in Einsamkeit verbringen muß. Er nimmt die Situation an und macht sich in seinen Gedanken und Vorstellungen damit vertraut, neue Kontakte und Beziehungen aufzubauen. Seine Denkweise strahlt Aufgeschlossenheit aus gegenüber anderen, und es fällt ihm leichter, neue Freunde zu gewinnen.

Auch hier ist es die innere Einstellung, die das Ergebnis bringt. Positive Beziehungen zu anderen Menschen kann jeder finden. Wer sein Leben auf den Kontakt beziehungsweise die Kontaktpflege mit anderen Menschen einstellt, stößt auf die Menschen, die zu ihm passen und jemanden wie ihn gerade suchen.

3. Kommunikation

Auch in der Gesprächsführung mit anderen hat der Positiv-Denker erhebliche Vorteile gegenüber dem Normaldenker.

Ein negativ gepolter Mensch sieht einen Konflikt mit anderen Menschen als negativ an. Er glaubt, daß eine positive Kommunikation immer gleichbedeutend ist mit tiefer Übereinstimmung. Jedesmal wenn ihm jemand Unannehmlichkeiten sagt, weicht er einen Schritt zurück, weil er davon ausgeht, daß der andere ihn nicht mag. Wenn er selbst nicht akzeptiert, was jemand anders tut oder sagt, greift er entweder zu massiver Kritik oder schweigt und denkt sich seinen Teil. Dies führt dazu, daß die Fronten sich verhärten und daß einer oder beide Beteiligten darunter leiden.

Ein positiv denkender Mensch weiß, daß es nicht möglich ist, mit allen Menschen einer Meinung zu sein. Er hat begriffen, daß gerade die Unterschiede zwischen den Menschen das Leben und die Kommunikation mit anderen interessant machen. Er geht davon aus, daß es normal ist, wenn zwei Menschen die Dinge unterschiedlich betrachten. Darüber hinaus findet er es lehrreich, über unterschiedliche Auffassungen und Standpunkte mit anderen Menschen zu diskutieren. Wenn jemand zu ihm sagt: »Ich kann dich nicht ausstehen«, dann ist seine normale Reaktion entweder: »Das ist interessant. Ich würde gerne wissen warum?« oder »Das ist Dein gutes Recht«. Auf keinen Fall wird der Positiv-Denker die Kritik anderer zum Anlaß nehmen, seine positive Lebenseinstellung, und wenn auch nur zeitweise, aufzugeben.

Wenn wir feststellen, daß uns jemand nicht mag, dann sollten wir uns immer daran erinnern, daß dies mehr über denjenigen selbst aussagt als über uns. Ein positiver Mensch weiß, daß es unmöglich ist, von allen geliebt zu werden. Er geht in seinem Denken und Fühlen davon aus, daß er auch mit einem Menschen, der nicht mit ihm übereinstimmt, interessante und konstruktive Kommunikation betreiben kann.

Zusammenfassend kann man sagen, daß ein positiv denkender Mensch in seinem Privatleben wesentlich weniger Konflikte mit sich selbst und anderen Menschen erlebt. Dank seiner offenen Einstellung ist er jederzeit in der Lage, andere, genauso positive Menschen kennenzulernen. Probleme mit negativen Menschen hat ein Positiv-Denker kaum, weil er weiß, daß seine innere Einstellung zu den anderen Menschen sein Verhältnis zu diesen bestimmt. Er grämt sich nicht, wenn ihn jemand nicht mag, sondern er gesteht den anderen Menschen dieses Recht zu. Seine innere Ausgeglichenheit und Zufriedenheit bezieht er aus seinem Vermögen, Situationen und Lebensumstände annehmen zu können, ohne übermäßig darunter zu leiden. Darüber hinaus setzt er sich selbst nur für positive Zukunftsentwicklungen ein, indem er sein Denken, Fühlen und Handeln auf Chancen und Möglichkeiten ausrichtet und sich von inneren Begrenzungen immer weiter befreit.

Wer positiv denkt, akzeptiert sich als einmalige Persönlichkeit und versucht nicht, so zu sein wie die anderen, oder wie sie ihn haben wollen. Der Positiv-Denker ruht in sich selbst – in seinem wahren Wesen und ist lokker und entspannt.

»Für einen trägen Geist ist auch eine Weltanschauung kein Anreiz. Ein reger Geist interessiert sich auch für ein Sandkörnchen.«

Was ändert sich durch positives Denken im Berufsleben?

Gerade im beruflichen Bereich können sich einschneidende Veränderungen einstellen, wenn man sich zum positiven Denken entschließt. Ungefähr ein Drittel seines Lebens verbringt der Mensch mit der Ausübung seines Berufs. Deshalb dürfte es niemandem gleichgültig sein, mit welcher Einstellung er seiner beruflichen Tätigkeit nachgeht. Freude und Erfüllung sind genauso wichtig wie das Geldverdienen. Dies sollte man nicht unterschätzen, sondern möglichst berücksichtigen.

Die Bezeichnung *Beruf* hat sich aus dem Wort *Berufung* entwickelt. Dies sagt bereits aus, daß der Beruf eigentlich eine Tätigkeit ist, zu der man sich berufen fühlt. Statt dessen gibt es Millionen von Menschen, die sich den ganzen Tag lang nach dem Feierabend sehnen, weil sie sich in ihrer Tätigkeit unbefriedigt fühlen. Der große Fehler liegt auch hier in der inneren Einstellung.

Die meisten Menschen müssen arbeiten, weil sie nicht so viel Geld haben, daß sie von ihrem Vermögen leben können. Der erste Schritt zu einer positiveren Einstellung gegenüber diesem Umstand ist, diese Tatsache zu akzeptieren. Wenn wir schon arbeiten müssen, dann sollten wir wenigstens innerlich nicht dagegen rebellieren und uns dadurch das Leben unnötig schwer machen.

Wenn wir bereit sind, uns mit dieser Tatsache abzufinden und dann beginnen, uns auf Verbesserungsmöglichkeiten unserer beruflichen Situation zu konzentrieren, ist die erste Grundlage zum Erfolg gelegt.

Ein Unternehmer zum Beispiel, der innerlich seinen Beruf ablehnt, kann dadurch seine Firma in den Ruin treiben. Die ständigen Suggestionen darüber, daß er seine Firma »am liebsten loswerden möchte«, werden vom Unterbewußtsein mit Energien verstärkt. Sie können zu Umständen führen, die das Ende der Firma Wirklichkeit werden lassen. Besonders wegen der betroffenen Firmenmitarbeiter wäre in diesem Fall eine verantwortungsbewußtere Einstellung des Unternehmers angebracht. Positiv wäre zum Beispiel die Vorstellung, daß ein Interessent die Firma zu einem guten Preis kaufen wird, um sie dann erfolgreich weiterzuführen. Falls jedoch der Gedanke »Ich muß nur einen Dummen finden, dem ich meine Firma unterschieben kann und der an meiner Stelle damit auf die Nase fällt« eine Rolle spielt, so wird dies vom Unterbewußtsein unpersönlich verstärkt und führt vielleicht früher als geplant – noch bevor die Besitzer wechseln – zum Firmenzusammenbruch.

Dies sagt etwas darüber aus, mit welcher Ethik ein positiv denkender Mensch seinen Beruf betreibt. Auch hier kommt es darauf an, vom einseitigen Interesse am eigenen Wohlergehen wegzukommen und das Wohl aller Beteiligten in den Vordergrund zu rücken.

Positiv-Denker streben in ihrem Beruf nach einer Tätigkeit, mit der sie sich wohl fühlen und mit der sie einem größeren Ganzen nützen. Sie verstehen sich nicht als bloße Arbeitskraft, die von einem Unternehmer ausgenutzt wird, sondern sie betrachten das Verhältnis zwischen sich und dem Vorgesetzten als eine wechselseitige Beziehung auf der Basis von Geben und Nehmen.

Sie wissen, daß alles zwei Seiten hat und daß die Probleme aufgrund einer falschen Berufseinstellung auch dem Wohlergehen aller Mitmenschen schaden. Größer ist jedoch der Schaden, den sich Menschen selbst zufügen, wenn sie ihre berufliche Tätigkeit nicht leiden mögen. Diese negative Einstellung, vor allem wenn sie unterdrückt wird und einhergeht mit der Fortsetzung der ungeliebten Tätigkeit, kann zu körperlichen und psychosomatischen Krankheiten führen. Für einen aufgeschlossenen Menschen, wie es der Positiv-Denker ist, gibt es nur zwei Möglichkeiten:

Entweder sich beruflich zu verändern und der inneren Berufung zu folgen – oder den Beruf beizubehalten, ihm gegenüber aber die innere Einstellung zu verbessern.

Andere Möglichkeiten gibt es nicht. Für einen positiven Menschen ist es nicht tragbar, den ungeliebten Beruf fortzusetzen, gleichzeitig aber zu wissen, daß er ihm nicht gefällt. Auch die sogenannte »innere Kündigung«, die Beschränkung auf das beruflich Notwendigste und die Konzentration auf den Feierabend, ist für ihn keine Alternative.

Häufig werden außerberufliche Verpflichtungen und Verantwortung, z.B. für die Familie, als Grund dafür angeführt, daß der »erträumte« Beruf nicht ausgeübt werden kann. Gerade dieser Punkt wäre an sich positiv zu bewerten, weil er auf Verantwortungsbewußtsein hinweist und das Leid des Betreffenden eher »adelt«. Wenn es jemanden gelingt, aus einer solchen Situation heraus eine neue, positive Einstellung zu seinem Beruf zu finden, so ist das in Ordnung. Wird der Beruf von einem solchen Menschen aber jahrelang nur aus Pflichtgefühl und unter innerer Rebellion weiter ausgeübt, dann wird im Laufe der Jahre der innere Druck so groß werden, daß Krankheit oder Selbstaufgabe und Depression die Folge sind. Hiervon werden, neben dem Betreffenden selbst, dann gerade die Personen negativ betroffen, für die man aus »Verantwortung« seinen eigenen Selbstausdruck unterdrückt hat.

Was macht also ein positiv Denkender in einem solchen Fall?

Zuerst einmal sind die in diesem Buch geschilderten Prinzipien und Grundsätze allgemein zu beachten. Darüber hinaus wird es beispielsweise immer möglich sein, durch offene Kommunikation mit seinem Arbeitgeber eine innerbetriebliche Versetzung zu besprechen, wenn sich im Betrieb des Arbeitgebers entsprechend reizvollere Tätigkeitsbereiche anbieten. Aber auch hier ist zu bedenken, daß der Vorgesetzte nur dann ein Interesse an einer Versetzung hat, wenn der Mitarbeiter eine positive Einstellung zu seinen Aufgaben bisher bewiesen hat und diese im neuen Tätigkeitsbereich voraussichtlich beibehält.

Ebenso ist es möglich, statt sich über das Betriebsklima zu beklagen, selbst etwas zur Verbesserung der Stimmung in der eigenen Abteilung zu unternehmen. Betrachten wir uns als der verantwortliche Auslöser für Verbesserungen, statt zu erwarten, daß die Kollegen sich ändern.

Ein Vorgesetzter mit der inneren Einstellung »Meine Leute sind unfähig« oder »Mit solchen Leuten kann man nicht zusammenarbeiten« darf sich nicht wundern, wenn er dies täglich erlebt. Allein durch eine positivere Beurteilung seiner Mitarbeiter kann er die Atmosphäre und Zusammenarbeit wesentlich verbessern.

Positiv-Denker besitzen die Fähigkeit, sich selbst für eine Sache zu begeistern. Diese Fähigkeit stellt sich bei ihnen durch das beständig praktizierte positive Denken wie von selbst ein. Gerade im Beruf kann die Begeisterungsfähigkeit von Nutzen sein.

»Wenn Deine Arbeit Dich nicht begeistert, dann mußt Du Dich für Deine Arbeit begeistern!«

Daß dieser Leitsatz nicht unendlich funktioniert, wissen wir als positiv denkender Mensch. Es ist nicht möglich, über ein gewisses Maß hinaus

Zufriedenheit aus seinem Beruf herauszupressen. Sobald er widerwillig ausgeübt wird, überwiegen die negativen Aspekte, die sich durch Negativprogrammierungen wie »Ich mag meinen Beruf nicht, er ist eintönig, zu wenig attraktiv« nur verstärken.

Allein durch die innere Entscheidung, sich ab sofort auf die angenehmen, positiven Aspekte der Tätigkeit zu konzentrieren, wird die eigene Aufmerksamkeit für die interessanten Bereiche des eigenen Berufes geschärft. Wir »sehen« plötzlich Dinge, die uns vorher gar nicht aufgefallen waren, und wir können wachsende innere Begeisterung verspüren für früher mit großer Teilnahmslosigkeit ausgeführte Tätigkeiten. Seinen erlernten Beruf doch noch schätzen zu lernen, ist möglich – durch positives Denken.

Wenn ein Mensch jedoch seine Tätigkeit innerlich so entschieden ablehnt, daß er zur nötigen Änderung seines Denkens nicht mehr bereit oder in der Lage zu sein glaubt, so kann dennoch eine positive Lösung gefunden werden. Dabei sollten wir jedoch immer daran denken, daß uns eine reine Ablehnung ohne eine konstruktive Alternative nicht weiterbringt.

Wenn wir also davon ausgehen, daß jemand bereits einen »Traum« in sich trägt, den er verwirklichen möchte, dann erinnern wir uns doch an eines der geistigen Grundprinzipien: *»Was wir uns von Herzen aus unserem Innersten heraus wünschen, trägt seine Erfüllung bereits in sich.«* Ein Wunsch, der immer wieder in uns aufsteigt, ist ein Hinweis unseres höheren Selbst. Es macht uns aufmerksam auf Bereiche, in denen wir Aufgaben finden und mit Erfolg ausüben können und die uns gleichzeitig innere Erfüllung geben.

Positiv denken heißt auch, vertrauensvoll das Bisherige, was uns nicht erfüllte, hinter uns zu lassen und unseren Weg neu auszumachen. Häufig werden wir sogar durch Lebensumstände, die wir vordergründig als Problem bewerten, zu einer Neuorientierung und Verbesserung unserer Berufssituation gezwungen. Wenn wir zum Beispiel arbeitslos werden, können wir diese Gelegenheit, unter Anwendung des positiven Denkens, so nützen, daß wir eine »Traumposition« anziehen, auf die wir niemals gestoßen wären, wenn wir unseren Arbeitsplatz nicht verloren hätten. Übertragen auf den Unternehmer könnte sein Konkurs auch für ihn der Anfang einer wesentlich befriedigenderen neuen Berufstätigkeit sein, die seiner inneren Berufung eher entspricht und ihn tiefer erfüllt.

Für den Beruf gilt das gleiche wie für die übrigen Lebensbereiche: *»Wir können niemals hundertprozentig beeinflussen, was uns begegnet, aber* *wir können hundertprozentig beeinflussen, wie wir auf das, was uns begegnet, reagieren!«*

Der Einsatz des positiven Denkens im Berufsleben ist ein wesentlicher Beitrag zur Steigerung der persönlichen inneren Erfüllung und des Erfolgs allgemein. Er verwirklicht sich nicht nur materiell, sondern drückt sich auch durch emotionale Ausgeglichenheit und körperliche Gesundheit aus.

Jedes Unternehmen, das seine Mitarbeiter mit der Kraft des positiven Denkens vertraut macht, trägt wesentlich zur Verbesserung seiner Betriebsharmonie und seines Geschäftserfolges bei.

»Ein positiv denkender Mensch
lehnt es nicht ab, das Negative
zur Kenntnis zu nehmen,
er weigert sich nur, sich ihm zu
unterwerfen.«

Norman Vincent Peale

Was positives Denken nicht leisten kann

Nachdem wir uns bisher damit beschäftigt haben, was durch positives Denken möglich ist, will ich hier einmal deutlich machen, was positives Denken nicht leisten kann.

Da die bewußte Anwendung der Kraft der Gedanken im Inneren des Menschen abläuft, ist es nicht möglich, einem anderen Menschen anzusehen, daß er gerade positiv denkt. Genausowenig kann man aus den Lebensumständen, in denen jemand lebt, ableiten, ob er ein Positiv-Denker ist oder nicht. Die Folge davon wäre eine gedankliche Gleichschaltung aller Positiv-Denker. Dies wäre unvereinbar mit der Lehre des positiven Denkens, deren Ziel die möglichst freie Entfaltung der Menschen zu einer individuellen, einmaligen Persönlichkeit ist.

Nehmen wir an, ein Mensch lebt in bescheidenen finanziellen Verhältnissen. Dies ist noch lange kein Hinweis darauf, daß er negativ denkt. Entscheidend bei der Beantwortung dieser Frage ist, ob er sich innerlich mit seiner Situation in Harmonie befindet oder nicht. Auch ein Leben in Reichtum und Wohlstand ist nicht Ausdruck positiven Denkens, wenn dabei die Liebe und die innere Harmonie zu sich selbst und anderen verlorengeht.

Wenn ein Mensch sich in einer schweren Lebenskrise befindet, so ist dies nicht unbedingt ein Zeichen für negatives Denken. Eine schwere Krise, etwa die »Midlife-Crisis«, ist oft das auslösende Moment zu einer Hinwendung zu mehr Selbstvertrauen und positiveren Lebensvorstellungen. Auch hier kommt es wesentlich darauf an, wie die innere Einstellung des Betroffenen zu seiner Situation ist. Sieht er sein derzeitiges Problem als lehrreiche Erfahrung an, die ihn mit sich selbst in Kontakt bringt und ihn stärker macht, als er vorher war, so ist das eine positive Denkweise.

Viele Leute fragen, was Sie tun können, um für jemanden anders positive Veränderungen »herbeizudenken«. Auch hierbei handelt es sich um einen Bereich, wo positives Denken an seine Grenzen stößt. Da es immer ein Prozeß ist, der von innen nach außen abläuft, verstößt dieser Versuch bereits gegen ein Grundgesetz des positiven Denkens. Unsere Gedanken, die wir für andere Menschen haben, können nur verstärkend wirken. Wenn dieser Mensch ähnliche Gedanken und Vorstellungen hat wie wir, dann unterstützen unsere Gedanken die geistige Arbeit des anderen. Das positive Denken einzelner ist auch nicht in der Lage, den Lauf der Welt entscheidend zu verändern. Wenn sich ein Mensch beispielsweise eine Welt ohne Atomwaffen vorstellt, dann ist die Energie seiner Gedanken nicht ausreichend, um die Atomwaffenpolitik entsprechend zu beeinflussen.

Erst, wenn es dem einzelnen Positiv-Denker gelingt, im Denken vieler Millionen anderer Menschen die gleichen Gedankengänge auszulösen, so daß eine weltüberspannende geistige Bewegung entsteht, die die Vorstellungen einer Welt ohne Atomwaffen in sich trägt, kann der Punkt erreicht werden, wo diese Vorstellung auf die Gesamtmenschheit überspringt und sich verwirklicht.

Das Klagen der Menschen über die Schlechtigkeiten der Welt ist durch positives Denken auch nicht zu beseitigen. Jeder ist seines eigenen Geistes Hüter und wenn jemand darauf besteht, sein Denken mit den negativen Vorfällen des Lebens anzufüllen, so ist das seine Entscheidung, und er muß mit den Ergebnissen leben.

Die Philosophie ist, daß die ganze Welt um so positiver wird, je mehr aktive Positiv-Denker es gibt. Jeder einzelne Mensch, der sich zum positiven Denken entschließt und dies praktiziert, leistet einen Beitrag zu einer positiven Welt.

Eigenes Positiv-Denken kann auch nicht erreichen, daß ein anderer Mensch, der sich nicht überzeugen lassen will, überzeugt wird. Diese Überzeugung muß aus der innersten Erkenntnis jedes einzelnen hervorgehen, daß positives Denken eine Kraft ist, die etwas bewirken kann.

Auch die Frage, ob man anderen Menschen mit dem eigenen Denken gegen ihren Willen schaden kann, ist ganz eindeutig mit nein zu beantworten. Als Beispiel eine Beeinflussung durch negatives Denken:

Es ist zwar richtig, daß wir unsere Gedanken an das gemeinsame Unterbewußtsein aller Menschen weitergeben und wir auch über negative Gedanken einen anderen Menschen erreichen und negativ beeinflussen können. Entscheidend allerdings ist, daß sich dieser andere Mensch selbst auf die Ebene des negativen Denkens begibt. Erst dann zieht er die negativen

Gedanken anderer Menschen an und kann unter diesen leiden. Wir allein haben jedoch niemals die Macht, einen anderen Menschen auf die Ebene negativen Denkens zu ziehen, dorthin muß er selbst gehen. Auch wenn jemand glaubt, daß andere für seine negative Denkweise verantwortlich sind, so ist doch er selbst es, der die Entscheidung trifft, diese Negativbeeinflussung aufzunehmen. Bleibt er auf der Ebene positiven Denkens kann ihm kein Schaden durch negatives Denken anderer zugefügt werden. Genauso verhält es sich bei der Beeinflussung anderer durch positives Denken:

Wir arbeiten beim positiven Denken auch mit den Kräften des Universums, die sich der völligen Beeinflussung durch den menschlichen Geist entziehen. Aber auch die Energien, die wir durch positives Denken zum Einsatz bringen, sind nicht in der Lage, einen anderen Menschen gegen seinen Willen zur Mitwirkung an unseren Plänen zu bringen. Das Unterbewußtsein kennt kein EGO und keine Manipulationstendenzen. Es besteht aus Bewußtseinsinhalten und zieht Menschen mit übereinstimmenden oder ähnlichen inneren Interessen an.

Lassen wir uns also nicht unter Druck setzen! Positives Denken erzielt immer positive Lösungen, für alle Beteiligten, und ist nur zu erfahren, wenn man es praktiziert. Die Kraft positiven Denkens ausschließlich rational mit dem »Kopf« erfassen zu wollen, ist unmöglich. Diskussionen mit Menschen, die an dieses Thema nur rational herangehen, sind immer zum Scheitern verurteilt. Wenn mir Leute erzählen wollen, was sie vom positiven Denken halten, wie ihre Meinung darüber ist, dann frage ich sie immer danach, was sie *tun*, nicht was sie *meinen*.

»Es reicht nicht aus, ab und zu ein Buch zu lesen oder ein Seminar zu besuchen, es kommt auf die tägliche Arbeit an sich selbst an.«

Was verhilft uns zu mehr Erfolg beim positiven Denken im Alltag?

Ich bin der Auffassung, daß es an der Zeit ist, daß die positiv denkenden Menschen sich offen zum positiven Denken bekennen und sich zusammenschließen. Bücher lesen allein genügt nicht. Wichtig ist es, mit anderen Menschen ins Gespräch zu kommen, um sich gegenseitig bei der praktischen Anwendung des positiven Denkens im Alltag zu unterstützen.

Meine Idealvorstellung wäre es, daß sich überall Kreise von Leuten bilden, die sich regelmäßig treffen, um ausschließlich über positives Denken und die schöpferische Kraft des Geistes zu sprechen. Auf diesen Treffen muß es möglich sein, daß jeder den Mut hat zuzugeben, welche Schwierigkeiten er bei der Umsetzung des positiven Denkens hat. Andere Teilnehmer könnten ihre eigenen Erfahrungen schildern. Dieser Erfahrungsaustausch würde den Lernfortschritt aller Teilnehmer wesentlich beschleunigen.

Als Beispiel möchte ich hier das POSITIV-CENTRUM in Bremen anführen, das ich seit über zwei Jahren leite. Das POSITIV-CENTRUM ist eine von mir 1985 gegründete Begegnungsstätte für positives Denken, nach der oben ausgeführten Idee. Es gibt bereits Tausende von Interessenten, und regelmäßige Teilnehmer kommen dort täglich zusammen. Die Zahl der festen Mitglieder steigt ständig.

Der von mir gegründete und geleitete Verein »POSITIV-Vereinigung positiv denkender Menschen e.V.« richtet in Zusammenarbeit mit dazu geeigneten Mitgliedern überall im deutschsprachigen Raum sogenannte POSITIV-Kreise ein, in denen wöchentlich oder jede zweite Woche ein Gesprächsabend über positives Denken stattfindet (nähere Angaben hierzu am Schluß dieses Buches). Darüber hinaus gibt es einige andere Gruppen im deutschsprachigen Raum, die sich unter ähnlicher Zielsetzung konstituiert haben und ähnliche Arbeit leisten. Diese Gruppen können das praktische Training des positiven Denkens entscheidend beschleunigen und den persönlichen Fortschritt der Teilnehmer auf ihrem Weg zum Erfolg durch positives Denken deutlich steigern. Da es auf dem geistigen Sektor keine trennenden Schranken gibt, sehen sich wirklich bewußte Gruppen niemals als Konkurrenz zueinander an. Ein Zusammenschluß aller Gruppen positiv denkender Menschen im deutschsprachigen Raum würde jedoch eine weit größere Kraft darstellen, als die derzeitigen Einzelgruppierungen. Jeder interessierte Mensch könnte, egal in welche Stadt er kommt, an einem Kreis über positives Denken teilnehmen. Der POSITIV e.V. hat auch das Ziel, diesen Zusammenschluß zu organisieren.

Die bloße Teilnahme an Diskussionskreisen positiv denkender Menschen wird jedoch kaum jemanden zum Positiv-Denker machen. Jeder muß selbst an sich und seinen Fehlern arbeiten, die ihn vom Positiv-Denken abhalten. Hierzu brauchen wir ein praktisches System der Selbstkontrolle, das uns sofort auf unsere Fehler bei der Praxis des positiven Denkens hinweist, damit wir selbst korrigierend eingreifen können. Das von mir entwickelte POSITIV-System erfüllt diese Aufgabe. Trainieren Sie anhand des POSITIV-Systems Ihre Fähigkeit, positiv zu denken, und sie werden erfolgreicher sein.

Teil 2

Das POSITIV-System

»Nun endlich weiß ich,
was mir fehlt,
was mich bedrückt
und was mich quält;
ich bin nicht faul,
ich bin nicht krank
und fand doch nie
des Lebens Rank;
ich schaffe so
wie er und du
und finde trotzdem
niemals Ruh;
wohin ich blick'
in Angst und Bangen
sind Dinge,
die ich angefangen,
und immer wieder
denk ich dran:
mir fehlt ein Plan,
mir fehlt ein Plan!
Nun weiß ich endlich,
was mir fehlt,
was mich bedrückt
und was mich quält;
ich mache dies,
ich mache das,
doch ohne Ziel
und ohne Maß;
wie manches wäre
schon getan,
hätt' ich nur *endlich*
einen Plan!«
Douglas Malloch

Wie sieht das POSITIV-System aus?

Das POSITIV-System besteht aus sieben Punkten. Diese Punkte basieren auf dem Wort POSITIV und umfassen alle wichtigen Bereiche, die zu beachten sind, wenn man Erfolg durch positives Denken haben will.

Diese sieben Punkte bauen nicht aufeinander auf wie ein Stufenplan, sondern sie greifen ineinander und sind miteinander verknüpft. Jeder

Mensch praktiziert diese sieben Punkte bereits jetzt mehr oder weniger gut.

Sinn des POSITIV-Systems ist es, jedem, der wirklich an der praktischen Anwendung des positiven Denkens im täglichen Leben interessiert ist, einen *Plan* in die Hand zu geben, nach dem er sich richten kann und an dem er eine Selbstkontrolle durchführen kann, wenn er Schwierigkeiten bei der Anwendung des positiven Denkens hat. Denn hier liegt das Hauptproblem!

Bei der Fülle der täglich auf uns hereinstürzenden Ereignisse ist es oft gar nicht so einfach, sich intuitiv richtig zu verhalten und immer vom bereits verwirklichten Ziel her zu denken!

Häufig ist es so, daß wir in unseren Büchern nach Beispielen suchen, die genau auf unsere derzeitige Lage passen und uns den Schlüssel zur Lösung unserer augenblicklichen Lebenssituation geben sollen. Wenn wir diese Lösung nicht finden, stehen wir häufig da wie der »Ochs vorm Berg« und wissen nicht mehr weiter.

Das POSITIV-System ist ein unumstößliches Konzept, das uns immer auf unseren Schwachpunkt beim Positivdenken zurückführt, um jene Bereiche zu erkennen, an denen wir ansetzen müssen. Die beigefügten Checklisten ermöglichen es, relativ schnell die eigenen Verhaltensschwachpunkte zu entdecken.

Das POSITIV-System wurde von mir in der Praxis meines eigenen Lebens sowie durch meine Arbeit als Berater und Seminarleiter entwickelt. Es ist ganz bewußt knapp gehalten und verzichtet auf ausführliche Hintergrundinformationen zu den genannten Methoden. Hierzu verweise ich nochmals auf die Lektüre hervorragender Fachbücher.

Sinn des POSITIV-Systems ist, dem Anwender eine schnelle, unkomplizierte Hilfe bei der Überwindung von Schwierigkeiten auf dem Weg zum erfolgreichen Positiv-Denker zu sein. Es listet die Richtlinien für positives Denken systematisch auf.

Nun noch eine Anmerkung zum Wort *Erfolg*:

Die Frage, was Erfolg für einen positiv denkenden Menschen eigentlich bedeutet, ist nicht allgemeingültig zu beantworten. Jeder Positiv-Denker wird eine andere Meinung dazu haben. Im Gegensatz zu anderen Lehrern, die von ihren Anhängern Angepaßtheit verlangen, ist das Ziel des positiven Denkens die ganz individuelle Persönlichkeitsentwicklung jedes einzelnen. Die einzige Gemeinsamkeit der positiv denkenden Menschen untereinander ist die angewandte Methode.

Wenn ein Mensch das Ziel hat, reich zu werden, so kann er dies mit dieser Methode genauso erreichen, wie das Ziel gesund, harmonisch, schlank oder erfolgreich zu sein. Eine wesentliche Aufgabe des positiv denkenden Menschen ist darum, sich über seine ganz persönlichen Ziele klar zu werden.

Es ist für einen außenstehenden Menschen nicht möglich, sofort zu erkennen, ob jemand ein erfolgreicher Positiv-Denker ist. Hierzu muß erst festgestellt werden, ob die persönlichen Lebensumstände desjenigen mit seinen ureigenen Wünschen und Vorstellungen übereinstimmen.

Denn das ist ja *Ziel* des positiven Denkens:
Ein Leben zu führen, das mit den eigenen Wünschen und Vorstellungen übereinstimmt.

Das ist der entscheidende Maßstab für Erfolg durch positives Denken. Daß hierzu noch *ethische Grundlagen* gehören, versteht sich von selbst.

Wie bereits gesagt, basiert das POSITIV-System auf den sieben Buchstaben des Wortes POSITIV. Das hat den Vorteil, daß man sich diese sieben Punkte sehr leicht merken kann.

Und so sieht das POSITIV-System aus:

P = Persönliche Verantwortung
O = Offene Kommunikation
S = Sorgfältige Zielformulierung
I = Imagination und Fantasie
T = Tatkraft und Ausdauer
I = Im Jetzt leben
V = Völliges Vertrauen

Auf den ersten Blick haben nicht alle diese Punkte etwas mit dem positiven Denken zu tun. Besonders die Bereiche *»Persönliche Verantwortung«*, *»Offene Kommunikation«* sowie *Tatkraft und Ausdauer«* kommen in der hier dargestellten Form in der vorhandenen Literatur über positives Denken nur wenig zur Geltung. Ich habe jedoch die Erfahrung gemacht, daß diese Punkte von allen wirklich erfolgreichen Positiv-Denkern angewandt werden.

Bevor Sie mit dem POSITIV-System arbeiten, möchte ich Ihnen noch einige Ratschläge geben:

Zuerst müssen Sie sich ganz klar darüber werden, was jeder dieser sieben Punkte im einzelnen bedeutet. Wenn Sie nicht genau verstehen, was im Hinblick auf das positive Denken mit diesen Begriffen gemeint ist, kann es leicht zu falschen Interpretationen kommen. Das genaue Verständnis der Bedeutung dieser sieben Punkte ist Voraussetzung, wenn Sie mit diesem System erfolgreich arbeiten und trainieren wollen.

Für alle Menschen, denen es schwerfällt, sich im Selbststudium mit diesem System zu üben und die darüber hinaus mit diesem System besser vertraut werden wollen, werden vom POSITIV-CENTRUM aus Kurse und Seminare zum POSITIV-System angeboten und regelmäßig durchgeführt. Sie finden im POSITIV-CENTRUM in Bremen und nach Vereinbarung im gesamten deutschsprachigen Raum statt. Es empfiehlt sich, an einem solchen Grundseminar einmal teilzunehmen, wenn der Wunsch nach einer persönlichen Einführung in das POSITIV-System besteht.

Zum besseren Verständnis wird nachfolgend jeder einzelne Punkt des POSITIV-Systems etwas genauer erläutert, bevor wir detailliert auf jeden der sieben Punkte eingehen.

Jeder, der heute Tennis spielen lernen möchte, ist gerne bereit, Unterrichtsstunden zu nehmen. Wenn es um die Umkehrung des Lebens in eine positive Gegenwart und Zukunft durch positives Denken geht, so sollte doch mindestens ein gleich großer persönlicher Einsatz erwartet werden können. Wenn Sie dieses Buch lesen und sich das POSITIV-System erarbeiten, zeigen Sie, daß *Sie* diese Bereitschaft und das nötige Durchhaltevermögen mitbringen.

Was bedeuten die sieben Punkte des POSITIV-Systems? Ein Überblick

P = *Persönliche Verantwortung*

Begreifen Sie, daß die Ursachen für Ihre persönlichen Lebensumstände in Ihnen selbst liegen. Alle Kräfte, die nötig sind, um Ihr Leben zum Positiven zu verwandeln, sind bereits in Ihnen vorhanden. Daher ist es unbedingt erforderlich, die Verantwortung für sich selbst zu übernehmen.

O = *Offene Kommunikation*

Achten Sie darauf, daß Ihre Gespräche, was Sie sagen, mit Ihren Gedanken und Gefühlen übereinstimmen. Sie haben, wie jeder Mensch, das Recht, alles auszusprechen, was mit Ihrem Innersten übereinstimmt. Wenn Sie negativ über einen anderen Menschen denken und versuchen, oberflächlich mit ihm auf »gut Wetter« zu machen, so wirken dennoch Ihre inneren Gedanken und Gefühle.

S = *Sorgfältige Zielformulierung*

Das Unterbewußtsein verwirklicht am einfachsten ein präzise formuliertes Ziel, so daß der Aufgabe der sorgfältigen Zielformulierung besondere Bedeutung zukommt. Ein Ziel muß immer von der bereits erreichten positiven Verwirklichung her formuliert werden.

I = *Imagination und Fantasie*

Sprechen Sie die Sprache Ihres Unterbewußtseins und betreiben Sie *täglich* Entspannung, Imagination und kreative Visualisierung. Sehen Sie sich in Ihrer Fantasie mit Hilfe Ihrer Vorstellungskraft bereits am Ziel, werden alle Kräfte Ihres Geistes die erwünschten Umstände in Ihr Leben ziehen.

T = *Tatkraft und Ausdauer*

Wenn Sie etwas tun können, um Ihr Ziel zu erreichen, so beginnen Sie tatkräftig mit der Ausführung und beweisen Sie Ausdauer bei auftretenden Rückschlägen. Die meisten Menschen bringen nicht die Kraft auf, den ersten *und* den letzten Schritt zu tun, die zum Erfolg nötig sind.

I = *Im Jetzt leben*

Seien Sie sich bewußt darüber, daß der einzige Augenblick, der wirksam Ihr Leben verändern kann, das JETZT ist. Konzentrieren Sie sich jetzt darauf, positives Denken zu praktizieren. Ihr Leben ist JETZT.

V = *Völliges Vertrauen*

Glauben Sie fest daran, daß Ihr Geist über alle Fähigkeiten verfügt, die für ein positives Leben nötig sind. Vertrauen Sie völlig auf die Verwirklichung Ihrer Träume. Erwarten Sie das rechtzeitig eintretende Ergebnis in heiterer Gelassenheit.

Persönliche Verantwortung

»Jeder Mensch hat bei der Geburt alle nötigen Kräfte zur Erreichung seiner persönlichen Lebensziele mitbekommen.«

Was bedeutet dieser Punkt?

Das POSITIV-System arbeitet gezielt mit der Kraft des positiven Denkens.

Jeder Mensch hat die alleinige Verantwortung dafür, was und wie er denkt. Diese Verantwortung kann er niemals auf einen anderen Menschen abschieben.

Es gibt niemanden außer uns, der uns dazu zwingen kann, Gedanken und Gefühle zu haben, die wir nicht haben wollen!

Alles, was uns in unserem Leben begegnet, wirkt von innen nach außen. Ausgangspunkt ist unser inneres Denken, Fühlen und Glauben. Die Lösung für alle Probleme muß daher immer in uns selbst Ihren Anfang nehmen.

Wenn wir also wissen, daß unser eigenes Denken und Fühlen die wichtigste Kraft in unserem Leben darstellt, und wenn wir außerdem begriffen haben, daß niemand uns Gedanken oder Gefühle eingeben kann, wenn wir es ihm nicht erlauben, so ist klar ersichtlich, worin die persönliche Verantwortung besteht.

Wir haben jederzeit die persönliche Verantwortung dafür, daß unser eigenes Denken, Fühlen und Glauben auf positive Möglichkeiten ausgerichtet ist und daß wir jeden auftauchenden negativen Gedanken schnellstmöglich durch einen positiven Gedanken ersetzen!

Doch diese Verantwortung sollte nicht in erster Linie als Belastung gesehen werden, obwohl es sicher nicht einfach ist, die alte Gewohnheit des negativen Denkens aufzulösen. Der tiefere Hintergrund der persönlichen Verantwortung ist eine ungeheure Chance, aus eigener Kraft seine Probleme zu lösen.

Jeder Mensch trägt alle erforderlichen Kräfte zur Lösung aller auf ihn zukommenden Schwierigkeiten in sich!

Wir haben die Fähigkeit, durch bewußte Kooperation mit der kosmischen Intelligenz, die wir über unsere eigenen Gedanken ansprechen und für unsere Ziele einsetzen können, alle auftretende Probleme positiv zu lösen. Diese Fähigkeit hat jeder Mensch; sie ist ein Geburtsrecht.

Da wir unsere eigenen Gedanken nur selbst denken können, und da niemand anders uns diese Aufgabe abnehmen kann, müssen wir bewußt die Verantwortung dafür übernehmen, unsere eigenen Gedanken und Gefühle richtig einzustellen, unsere eigenen Glaubensvorstellungen auf Erfolg auszurichten und daran so lange festzuhalten, bis der Erfolg eingetreten ist.

Wer anderen Menschen die Schuld dafür gibt, daß es ihm nicht so gut geht, wie er es sich wünscht, hat die Bedeutung der Kraft der eigenen Gedanken und der persönlichen Verantwortung noch nicht verstanden. Wir können niemals anderen die Schuld dafür geben, was wir selbst verursacht haben, oder was uns noch zustoßen wird! Der entscheidende Faktor für unsere Erlebnisse ist unsere eigene innere Einstellung zu den Dingen. Dafür sind wir persönlich verantwortlich.

In welchem Verhältnis steht die persönliche Verantwortung zu den anderen sechs Punkten?

Persönliche Verantwortung

Immer überlegen: Was kann *ich* selbst ändern an meinem eigenen Denken, Fühlen und Glauben und an meinem Verhalten?

Niemals anderen Menschen und ihren Gedanken oder ihrem Verhalten die Schuld geben für die eigene Situation.

Persönliche Verantwortung macht frei von äußerem Zwang und setzt eigene Kräfte für positive Entwicklungen in Bewegung!

Offene Kommunikation

Ich selbst habe die Verantwortung dafür, die Kommunikation mit meinen Mitmenschen auf eine ehrliche und offene Basis zu stellen.

Ich übernehme die persönliche Verantwortung dafür, daß zukünftig meine innersten Gedanken und Gefühle und meine Gespräche in Einklang stehen, und daß ich den Mut habe, das zu sagen, was ich im Innersten denke und fühle!

Ich warte nicht mehr darauf, daß der andere den ersten Schritt macht, die Kommunikation mit mir zu verbessern, sondern ich bin selbst derjenige, der beginnt, das Verhältnis auf eine neue, offene Grundlage zu stellen.

Sorgfältige Zielformulierung

Es liegt in meiner persönlichen Verantwortung, dafür zu sorgen, daß ich mir nur Ziele setze, die ich aus meinem Innersten heraus erreichen will.

Ich sorge dafür, daß ich eine Zielformulierung erstelle, die vom bereits verwirklichten Ziel ausgeht, und daß ich mich immer mit dem bereits erreichten Ziel identifiziere.

Ich gebe niemandem außer mir die Schuld, daß ich nicht weiß, was ich will, oder daß ich glaube, nicht frei meine Ziele bestimmen zu können.

Ich erinnere mich ständig daran, daß es keine Person gibt außer mir selbst, die Macht darüber hat, welche Ziele ich mir setze und wie ich mir meine Zukunft vorstelle.

Imagination und Fantasie

Ich selbst bin dafür verantwortlich, die Inhalte meiner Fantasie auf meine Ziele einzustellen und meine kreative Vorstellungskraft regelmäßig einzusetzen.

Sobald ich merke, daß ich mir Entwicklungen vorstelle, die ich nicht erleben möchte, setze ich sofort meine Imaginationsübungen zu meinen erwünschten Zukunftsvorstellungen fort.

Ich selbst bin der einzige Mensch, der die Macht hat, die Kraft der kosmischen Intelligenz in mein Leben zu ziehen und der einzige Weg hierzu führt über meine eigene Imagination und Fantasie.

Tatkraft und Ausdauer

Wenn ich mir einen Plan erstellt habe, welche Aktivitäten mich in Richtung auf mein Ziel voranbringen können, dann bin ausschließlich ich dafür verantwortlich, die Tatkraft aufzubringen, diese Aufgaben auch durchzuführen.

Immer, wenn ich einen Rückschlag erleide, wenn sich ein Weg als nicht erfolgreich herausgestellt hat, bin ich allein derjenige, der mich zum Weitermachen bringen kann bis zum Ziel.

Im Jetzt leben

Jedesmal, wenn ich wieder der Versuchung unterliege, mich intensiv über etwas zu sorgen, was in der Zukunft liegt, oder mir immer wieder die Fehler und schlechten Erfahrungen der Vergangenheit durch den Kopf gehen, liegt es an mir, dafür zu sorgen, daß ich damit aufhöre.

Ich muß mich täglich daran erinnern, daß ich jetzt positiv zu denken habe, und daß die einzige Zeit, in der ich etwas bewirke, *jetzt* ist.

Völliges Vertrauen

Zweifel und Angst kommen nicht von höheren Mächten zu uns. Wir sind ihnen nicht ausgeliefert. Wenn ich mein Vertrauen in die positiven Kräfte in mir verliere, trage ich selbst die Verantwortung dafür, dieses wieder zu erreichen.

Ich selbst trage die Verantwortung dafür, die Heilungskräfte in mir, die positive Auswirkung der kosmischen Intelligenz, die in mir vorhanden ist und die nur darauf wartet, daß ich sie zulasse, freizusetzen.

Wenn ich glaube, daß ich keine Kraft mehr habe, muß ich immer selbst die Schleusen des Guten öffnen und mich in völligem Vertrauen an Gott, die kosmische Intelligenz wenden.

Offene Kommunikation

Die offene Kommunikation ist eine entscheidende Grundlage für den Erfolg, denn es wirkt immer die innere Einstellung.

Was bedeutet dieser Punkt?

Unsere Gespräche mit anderen Menschen haben wesentlich mehr Einfluß auf unseren Erfolg als wir gemeinhin glauben. Wenn sich zwei Menschen unterhalten, so wirkt immer das innere Gefühl, das diese Menschen zueinander haben. Sollte also jemand glauben, er könne auf offene Gespräche mit seinen Mitmenschen verzichten, so kann er in große Schwierigkeiten kommen.

Wenn wir einem anderen Menschen gegenüber kritisch eingestellt sind oder etwas an seinem Verhalten uns nicht gefällt, so führt das meistens dazu, daß wir gegenüber diesem Menschen innerlich negativ eingestellt sind. Wenn wir aber in unseren Gesprächen mit diesem Menschen nicht auf unsere wahren Gedanken und Gefühle eingehen, sondern oberflächlich freundlich sind, und wenn wir versuchen, nicht zu zeigen, was wir wirklich denken und fühlen, so schaffen wir uns damit erhebliche Probleme: Nicht, was wir dem anderen Menschen sagen, wirkt sich aus, sondern unsere wahren Gedanken und Gefühle über ihn sind die Kraft, die zur Auswirkung drängt.

Wenn wir Übel vermeiden wollen, so müssen wir uns daran gewöhnen, unsere Gedanken und unsere Gesprächsinhalte in Einklang zu bringen. Wenn wir zum Beispiel eine Meinungsverschiedenheit haben, so ist es viel besser, unserem Gesprächspartner zu sagen: »Ich denke über diesen Punkt anders als Du!«, als so zu tun, als wären wir seiner Meinung, obwohl wir innerlich dagegen sind.

Es gibt klare Untersuchungsergebnisse, die aussagen, daß es zwei Menschen stark emotional verbindet, wenn sie sich über ihre trennenden Gedanken aussprechen und wenn sie wissen, daß der andere ihnen offen sagt, was er denkt.

Eine Selbstverständlichkeit sollte sein, daß wir uns in einem solchen Fall bemühen, den anderen auf eine Art anzusprechen, die es ihm ermöglicht, sein Gesicht zu wahren. Es empfiehlt sich, etwa so zu formulieren: »Ich finde Dich ganz in Ordnung, aber es gibt eine Sache, die ich gerne einmal mit Dir besprechen möchte, die uns trennt und die wir einmal ausräumen sollten, damit wir uns noch besser verstehen!«

Auf diese Art ausgesprochene Kritik greift das Selbstwertgefühl unseres Gesprächspartners nicht an und ermöglicht offene Kommunikation zum Nutzen beider Seiten.

Alle Menschen, die glauben, daß sie nicht das Recht haben, Gedanken und Gefühle, die einem anderen Menschen nicht gefallen, zu äußern, sollten sich über die damit verbundenen Probleme bewußt werden. Erstens geht die wirkliche Kraft ja doch von den inneren unterdrückten Gedanken aus und zweitens kann eine nicht geäußerte Meinung niemals zu wirklichem Verständnis – zu einer positiven Kommunikation mit dem anderen Menschen führen. Wir alle mögen es nicht, wenn wir das Gefühl haben – der andere sagt nicht, was er denkt. Aber den größten Schaden fügen wir uns selbst zu. Wir verleugnen unseren wahren Selbstausdruck, und das ist nicht positiv. Es gibt immer positive Möglichkeiten, zu sagen, was man denkt.

In welchem Verhältnis steht die offene Kommunikation zu den anderen sechs Punkten?

Persönliche Verantwortung

Ich selbst bin dafür verantwortlich, eine harmonische und positive Kommunikation zu entwickeln.

Selbst wenn alle Menschen in meiner Umgebung scheinbar nicht in der Lage sind, offene und positive Gespräche zu führen, so liegt es dennoch bei mir selbst, diesen Kreislauf zu durchbrechen und mit einer offenen Gesprächsweise anzufangen.

Ich selbst habe die Fähigkeit, mit allen Menschen zu einer angenehmen und ehrlichen Gesprächsbasis zu finden, die meiner eigenen positiven Zukunftsvorstellung nicht im Wege steht.

Offene Kommunikation

Ich spreche immer aus, was ich wirklich denke, und es ist mein gutes Recht. Wenn meine Gedanken nicht positiv sind, dann gebe ich diese frei und ersetze sie durch konstruktive und angenehme Gedanken, die ich auch aussprechen kann.

Sorgfältige Zielformulierung

Wenn ich Ziele habe, die andere Menschen einbeziehen, so ist es meine Aufgabe, durch offene Gespräche mit diesen Menschen herauszufinden, ob sie wirklich bereit sind, sich meinem Ziel anzuschließen.

Verdeckte Kommunikation dieser Art führt immer zu unangenehmen Überraschungen auf meinem Weg zum Ziel beziehungsweise sobald ich es erreicht habe: Vielleicht will der »Andere« seine ihm zugedachte Rolle in meinem Plan gar nicht spielen? – Dies kläre ich durch offene Kommunikation rechtzeitig ab.

Imagination und Fantasie

Ich kann meine Imaginations-Übungen nur machen, wenn die Menschen, mit denen ich lebe, mich für eine bestimmte Zeit des Tages in Ruhe lassen. Es ist meine Aufgabe, durch ein offenes Gespräch dafür zu sorgen, daß mir diese Zeit ungestört zur Verfügung steht.

Ich klage nicht darüber, daß ich nicht in Ruhe gelassen werde, sondern ich gehe offen auf die anderen zu und rede mit ihnen über meine Bedürfnisse.

Tatkraft und Ausdauer

Wenn ich mir ein hohes Ziel gesetzt habe, das nur mit Tatkraft und Ausdauer erreicht werden kann, so muß ich in offenen Gesprächen mit meinen Mitmenschen dafür sorgen, daß ich nicht daran gehindert werde, die nötigen Aktivitäten zu erbringen. Wenn ich nicht in einer offenen Aussprache darauf aufmerksam mache, daß ich in der nächsten Zeit einige außergewöhnliche Aufgaben übernommen oder mir vorgenommen habe, so kann das leicht zu Frustrationen in der Familie führen, die unsere Abwesenheit falsch verstehen kann.

Ich gehe niemals davon aus, daß die anderen es schon merken werden, warum ich weniger Zeit habe, und ich sorge selbst durch offene Kommunikation dafür, daß ich im Falle eines Rückschlages motivierende Unterstützung zum Durchhalten bekomme.

Im Jetzt leben

Ich sorge durch offene Gespräche mit meinen Mitmenschen dafür, daß meine Weigerung, mich immer wieder mit den negativen Aspekten der Vergangenheit zu beschäftigen, und meine Weigerung, immer über das, was morgen sein wird, besorgt zu sein, verstanden wird.

Ich habe die Fähigkeit, meine eigenen Gespräche *heute* so zu gestalten, daß sie nur Gutes und Wünschenswertes hervorbringen können.

Ich sorge durch klare Gespräche dafür, daß ich nicht ständig mit den Worten konfrontiert werde, die ich früher einmal gesagt habe, heute aber nicht mehr sagen will.

Völliges Vertrauen

Worte sind Dinge. Ich weiß, daß meine ausgesprochenen Worte den Ausdruck einer inneren Kraft darstellen, die die entsprechenden Dinge in mein Leben zieht. Daher sorge ich dafür, daß meine Worte voller Vertrauen und Zuversicht sind und ich beteilige mich nicht an Gesprächen über negative Dinge der Vergangenheit, Gegenwart oder Zukunft.

Ich verzichte auf Diskussionen des Zweifels und der Sorge über Dinge, die passieren könnten, weil ich weiß, daß meine Worte in mein Unterbewußtsein dringen und dort wirken. Ich vertraue darauf, daß ich in der Lage bin, meine Gespräche positiv zu gestalten.

Sorgfältige Zielformulierung

Das Unterbewußtsein verwirklicht am leichtesten ein klar formuliertes Ziel, das als bereits verwirklicht dargestellt wird.

Was bedeutet dieser Punkt?

Die Arbeit mit den Kräften des eigenen Unterbewußtseins erfordert die Beachtung einiger Grundregeln bei der Zielformulierung.

Die erste Frage, die ich mir stellen muß, ist die nach dem für mich ganz persönlichen Wert meines angestrebten Zieles.

Wenn ich selbst dies Ziel gar nicht erreichen möchte und es sich – was sehr häufig vorkommt – um ein von Eltern, Partner, Arbeitgeber oder anderen gesetztes Ziel handelt, so wird in uns die innere Stimme der Ablehnung immer stärker sein als das uns von anderen vorformulierte Ziel!

Nachdem ich mich davon überzeugt habe, daß ich dieses Ziel aufgrund meiner persönlichen Neigungen und ureigenen Entscheidung gewählt habe, kann ich die weiteren Einzelheiten der Zielformulierung beachten.

Das angestrebte Ziel wird bereits im Augenblick, in dem ich es als feste Erwartung in mein Unterbewußtsein versenke, Realität auf geistiger Ebene. Dort ist es bereits genauso wahr und greifbar wie Dinge, die wir sehen und anfassen können.

Es dauert eine gewisse Zeit, bis das gewünschte Ziel sichtbar wird. Dies ist abhängig von der Intensität der Zielvorstellung, der regelmäßigen Anwendung der nötigen Methoden zur Zielverstärkung.

Die Hauptaufgabe besteht also darin, das einmal gewählte Ziel und die erstellte Zielformulierung so lange festzuhalten und sie regelmäßig zu wiederholen, bis das Ergebnis erreicht ist.

Wenn wir zum Beispiel das Ziel haben, eine bestimmte Berufstätigkeit zu erreichen, die im Augenblick noch nicht Wirklichkeit ist, so müssen wir unser Ziel wie folgt formulieren: »Ich freue mich darüber, daß ich ein erfolgreicher Geschäftsführer (beispielsweise) bin! Ich danke dafür, daß ich es geworden bin!«

Der entscheidende Punkt liegt darin, das Ziel, welches erst in der Zukunft erreicht werden wird, als bereits erreicht anzusehen.

Diese Vorgehensweise wird oft falsch verstanden. Doch sie entspricht der Funktionsweise unseres Unterbewußtseins. Indem es zwei unterschiedliche Hinweise bekommt – erstens die tatsächliche Berufssituation als Realität und zweitens die angestrebte Berufssituation als gedachte und gefühlte Realität – *muß* es diese beiden Dinge in unserem äußeren Leben zur Übereinstimmung bringen, das ist geistiges Gesetz. Halte ich mein Ziel im Geiste fest, dann wird sich die Realität ändern und ich werde mein Ziel mit Sicherheit erreichen.

In welchem Verhältnis steht die sorgfältige Zielformulierung zu den anderen sechs Punkten?

Persönliche Verantwortung

Die sorgfältige Formulierung meiner Ziele kann mir niemand abnehmen. Wenn ich meine Ziele selbst erarbeite und selbst eine Formulierung finde, die mich wirklich motiviert, so wirkt die unterstützende Kraft des Unterbewußtseins weit stärker, als wenn ich mir Ziele anderer Menschen aufzwingen lasse.

Ich weigere mich, mir von anderen Ziele auferlegen zu lassen, die ich nicht mit meinen innersten Zielen vereinbaren kann, und ich übernehme die persönliche Verantwortung dafür, daß ich die sich hieraus ergebenden Konsequenzen gerne in Kauf nehme, weil sie meinem selbstgewählten Ziel dienen.

Offene Kommunikation

Wenn ein anderer Mensch mich mit Dingen konfrontiert, die nicht mit meinen Zielen übereinstimmen, so sage ich ihm offen, daß ich andere Pläne habe und mich nicht an seinem Plan beteiligen möchte.

Ich beklage mich nicht darüber, daß ich meine Ziele nicht erreiche, weil andere Menschen mich immer wieder für ihre eigenen Ziele einspannen, sondern ich sorge durch klare, positive, offene Gespräche dafür, daß diese Situation sich ändert.

Sorgfältige Zielformulierung

Ich setze mir nur Ziele, die ich aus völlig freier Entscheidung anstrebe. Ich achte darauf, daß meine Ziele mit meinen Neigungen und innersten Wünschen übereinstimmen.

Ich formuliere meine Ziele immer als bereits erfüllt und glaube fest an die Verwirklichung. Dadurch aktiviere ich die Kräfte meines Unterbewußtseins.

Ich strebe ein Ziel nach dem anderen an und setze mir bei hohen Zielen, die mehr Zeit erfordern, Zwischenziele, um durch Erfolgserlebnisse zwischendurch immer neu motiviert zu werden.

Imagination und Fantasie

Ich denke nicht alles durcheinander, sondern ich sorge durch klare Zielformulierung dafür, daß ich gezielte Fantasievorstellungen habe und ganz geplante regelmäßige tägliche Imaginations-Übungen machen kann.

Das Erlebnis meines bereits verwirklichten Zieles in meiner Fantasie setzt in mir die größte Kraft in Bewegung, über die der Mensch überhaupt verfügt.

Tatkraft und Ausdauer

Ich lasse nicht eher nach, bis ich meine Ziele genau kenne, und ich werde so lange an mir arbeiten, bis ich meine gewählten Ziele wirklich erreicht habe.

Ich bin mir bewußt, daß ich mit der Imagination und der Aufnahme meiner Tätigkeit warten muß, bis ich mein Ziel kenne.

Nur zielgerichtete Aktivität erbringt die gewünschten Ergebnisse. Sollte sich ein Rückschlag auf dem Wege zum Ziel einstellen, so gehe ich darüber hinweg und halte durch bis zum endgültigen Erfolg.

Im Jetzt leben

Alle meine Ziele formuliere ich bereits jetzt als verwirklicht. Ich weiß, daß es nicht heißt: »Ich werde eines Tages mein Ziel erreichen!«, sondern »Mein Ziel ist jetzt erreicht und ich danke dafür!«

Dies ist einer der wichtigsten Punkte. Deshalb werde ich mich immer wieder daran erinnern und bei der Zielformulierung immer berücksichtigen.

Völliges Vertrauen

Auch bei der Zielformulierung muß bereits das völlige Vertrauen deutlich werden.

Ich sage nie: »Ich hoffe, ich werde mein Ziel erreichen!« Es heißt bei mir immer: »Mein Ziel ist auf geistiger Ebene bereits erreicht und wird in Kürze in meinem Leben sichtbar!«

Gerade das völlige Vertrauen in die Erreichung meines Zieles bewirkt die Aktivierung jener Kräfte, die ich mit der Methode des positiven Denkens in meinem Leben zum Einsatz bringen will.

Imagination und Fantasie

Das innere Bild ist ein Mittelding zwischen den eigenen Gedanken und Gefühlen und der Realität.

Was bedeutet dieser Punkt?

Der Gedanke allein ist es nicht, der unser Leben verändert. Nach neueren Erkenntnissen sind es die eigenen Vorstellungen und Bilder unserer Fantasie, die unsere Zukunft bauen.

Kinder sehen bei allen Erzählungen und auch, wenn sie selbst Geschichten durchlesen, automatisch Bilder über das Gehörte und Gelesene. Wenn es heißt, der Wolf kommt zur Tür herein, dann *sehen* Kinder vor ihrem geistigen Auge förmlich einen Film ablaufen, wie der Wolf zur Tür hereinkommt, und erleben dies natürlich viel intensiver, als wenn es sich nur um tote Worte handeln würde. Wir müssen deshalb wieder lernen, das gewünschte Ziel, nach dem wir streben, wie Kinder in Bilder zu fassen und als bereits verwirklicht vor unserem inneren Auge ablaufen zu lassen.

Die Intensität eines Bildes ist für unser Unterbewußtsein um ein Vielfaches größer als die eines Wortes. Je intensiver wir unsere Zukunft in Bildern »sehen«, um so sicherer ist der Erfolg.

Die Methoden des gezielten Einsatzes der Imagination und Fantasie sind vielfältig. Es gibt immer neue Methoden, doch für alle gilt die Voraussetzung: Wir müssen begreifen, daß wir regelmäßig unsere Fantasie aktivieren müssen, um uns in der angestrebten Situation immer wieder vor Augen zu haben und dem Unterbewußtsein den Eindruck zu vermitteln, daß die gewünschte Situation bereits Realität ist. Das Unterbewußtsein reagiert auf eingebildete Bilder genauso wie auf echte Bilder der Realität.

Unsere Fantasie und Vorstellungskraft ist immer schöpferisch tätig, und wir können damit ganz nach Wunsch in die Hölle oder in das Paradies fahren, die Entscheidung liegt nur bei uns selbst.

Auch bisher arbeiteten wir bereits mit unserer Fantasie und erzielten damit Ergebnisse. Die Frage ist nur, ob diese Ergebnisse mit unseren Wünschen übereinstimmten, oder ob es sich eher um die Verwirklichung negativer Fantasievorstellungen handelt.

Statt: »Was ich am meisten gefürchtet habe, ist über mich gekommen!«, sollte es heißen: »Was ich mir am stärksten als bereits verwirklicht vorgestellt habe, mein größter Wunsch, den ich hatte, ist Wirklichkeit geworden!«

In beiden Fällen arbeiten wir mit derselben Energie, mit denselben Kräften. Da das menschliche Gehirn jeweils immer nur *ein* Bild zur gleichen Zeit sehen kann, sollten wir durch gesteuerte Fantasie und kreative Vorstellungen unsere gewünschten Ziele intensiv als bereits erreicht sehen und uns über die Erreichung dieser Ziele freuen. Es sollte klar sein, daß zur Durchführung dieser Übungen ein innerlich entspannter Zustand nötig ist.

In welchem Verhältnis stehen die Imagination und Fantasie zu den anderen sechs Punkten?

Persönliche Verantwortung

Ich habe die persönliche Verantwortung dafür, daß ich die Methode der Imagination herausfinde, die meine Fantasie am ehesten in der gewünschten Weise aktiviert.

Ich sorge selbst dafür, daß ich jeden Tag gezielt die Übungen der kreativen Visualisierung durchführe.

Da ich weiß, daß die Imagination und die gezielt eingesetzte Fantasie eine Schlüsselstellung im POSITIV-System einnehmen, übernehme ich selbst die Verantwortung dafür, daß ich diese regelmäßig praktiziere.

Offene Kommunikation

Ich achte darauf, daß meine Gespräche nicht im Widerspruch zu meinen gewünschten Zukunftsvorstellungen stehen.

Ich spreche lieber öfter darüber, wie positiv sich alles in die Richtung meiner Ziele entwickelt, als daß ich mich über Rückschläge auf meinem Weg unterhalte.

Da sich jedes Wort in mir auch mit einem entsprechenden Gefühl verbindet, werde ich immer darauf achten, daß meine Worte nur die Gefühle in mir verursachen können, die meinen Fantasien entsprechen.

Sorgfältige Zielformulierung

Die Ziele, die ich mir gesetzt habe, bilden die Grundlage für meine Imaginationsübungen.

Ohne sorgfältige Zielformulierung ist der gezielte Einsatz der Imagination und Fantasie nicht möglich.

Da ich meinem Unterbewußtsein präzise Vorgaben geben möchte, bin ich immer bemüht, meine Zielvorstellungen in der Fantasie und auf meinen Zielformulierungen (s. Checklisten) zur Übereinstimmung zu bringen.

Imagination und Fantasie

Ich entspanne mich täglich zwei- bis dreimal und versenke mich in meine Ziele. Ich fühle mich so glücklich, wie ich mich fühlen werde, wenn ich mein Ziel erreicht habe.

Diese Übung erzeugt eine Spannung in meinem Unterbewußtsein, die dafür sorgt, daß das angestrebte Ziel Wirklichkeit wird.

Tatkraft und Ausdauer

Ich weiß, daß die regelmäßige Wiederholung der inneren Vorstellungsbilder einen ganz entscheidenden Faktor zur Zielerreichung darstellt. Deshalb werde ich diese Übungen fortsetzen, bis ich mein Ziel verwirklicht habe.

Gerade bei dieser Übung sind Tatkraft (die Arbeit an seinem Unterbewußtsein zu beginnen) und Ausdauer (diese Arbeit so lange fortzusetzen, bis das gewünschte Ergebnis eingetreten ist) von größter Bedeutung.

Im Jetzt leben

Alle Imaginationsübungen müssen so durchgeführt werden, daß ich mich *in meiner Vorstellung am gewünschten Ziel* sehe.

Ich beobachte mich dabei, was ich tue, wenn ich mein Ziel erreicht habe.

Ich mache nicht den weitverbreiteten Fehler und träume in meiner Fantasie: »Es wäre schön, so etwas zu erreichen.« – Das birgt die Gefahr in sich, daß mein begleitendes Gefühl sagt: »Aber ich habe es ja nicht erreicht.«

Völliges Vertrauen

Wenn ich meine Imaginations-Übungen mache, dann erfülle ich sie mit Einfühlungsvermögen und dem völligen Vertrauen darauf, daß mein Ziel wirklich erreicht ist.

Mit dieser Verhaltensweise befolge ich ein Bibelwort, das sagt:

»Euch geschehe nach Eurem Glauben!«

Ich weiß, daß ich mich darauf verlassen kann, das zu erhalten oder zu erreichen, was ich in meinem Innersten glaube.

Tatkraft und Ausdauer

Viele Menschen bleiben im Wünschen und Hoffen untätig und vergessen, den ersten Schritt zu tun *und* den letzten.

Was bedeutet dieser Punkt?

Es gibt kaum Ziele, die erreichbar sind, ohne daß wir über die genaue Zielvorstellung und die gesteuerte Fantasie hinaus etwas tun müssen. Dann haben wir nichts weiter zu tun, als unser Bild festzuhalten, bis die Realisierung erfolgt ist.

In fast allen Fällen ist es jedoch sehr wohl nötig und sinnvoll, zur Unterstützung der Zielerreichung aktiv zu werden. Hier liegt für viele Menschen das Problem, das sie unbedingt lösen müssen, wenn das Ziel erreicht werden soll.

Wunschziele gehen nicht wie durch Zauberei, plötzlich, in Erfüllung. Im Gegenteil, der Weg zum Ziel setzt sich aus einer Fülle von Gelegenheiten, aus vielen kleinen Schritten, aus einer Reihe von scheinbaren Umwegen zusammen, die wir selbst erkennen, nutzen und beschreiten müssen.

Untersuchungen haben gezeigt, daß es den meisten Menschen besonders schwerfällt, zwei Dinge zu tun:
Die Kraft für den ersten Schritt aufzubringen – endlich mit der Zielformulierung anzufangen und die Vorstellung in die Tat umzusetzen, *und* die Ausdauer bis zum letzten Schritt aufzubringen, der nötig ist, um den endgültigen Sieg davonzutragen.

Wer wirklich Erfolg durch positives Denken haben will, muß bereit sein, alle Impulse zum Handeln zu befolgen, die ihm vom Unterbewußtsein immer wieder eingegeben werden.

Wenn wir uns ein Ziel eingeprägt haben und wenn wir regelmäßig Bilder der Zielerreichung »sehen«, so entwickelt sich in uns ein Gefühl, wir sollten dies oder jenes tun, zu *der* Stelle gehen oder mit jemandem Kontakt aufnehmen. Alle diese Impulse sind Hinweise der kosmischen Intelligenz in uns, die uns sagen will, was der nächste Schritt sein könnte, der uns dem Ziel näher bringen könnte.

Wenn wir diese Hinweise ignorieren, so dürfen wir uns nicht wundern, wenn unsere Wünsche nicht in Erfüllung gehen.

Sollte sich einer der Impulse als falsch herausgestellt haben oder sollten wir aus irgendeinem anderen Grunde einen Rückschlag auf unserem Weg erleiden, so ist es unbedingt erforderlich, wieder aufzustehen und weiterzumachen.

Bei der Lebensanalyse der erfolgreichsten Menschen stellte man fest, daß sie alle eines gemeinsam hatten: Sie gaben niemals auf beim Versuch, ihr Ziel zu erreichen!

Weiterhin haben diese Untersuchungen deutlich ergeben, daß der endgültige Durchbruch bei allen Erfolgsmenschen meistens direkt nach einer gewaltigen Niederlage eingetreten ist. Rückschläge sind oft der Test, ob wir wirklich an die Zielerreichung glauben.

In welchem Verhältnis stehen Tatkraft und Ausdauer zu den anderen sechs Punkten?

Persönliche Verantwortung

Ich selbst übernehme die Verantwortung dafür, mich aus der Lethargie zu befreien und aktiv zu werden.

Ich überlege mir genau, was zu tun ist, und baue tiefes Vertrauen auf, daß ich mein angestrebtes Ziel verwirklichen kann.

Sobald Rückschläge auftreten, stehe ich selbst dafür ein. Unbeirrt davon setze ich dennoch meine Bemühungen fort.

Offene Kommunikation

Ich spreche aus eigenem Antrieb die Personen an, die mir bei der Aufgabenerfüllung helfen können. Ich erwarte nicht, daß sie von selbst auf mich zukommen.

Ich bitte andere Menschen erst dann um Hilfe, wenn ich es allein nicht schaffen kann. (Wer nett und offen angesprochen wird, ist gerne bereit zu helfen.)

Sorgfältige Zielformulierung

Wenn ich mein großes Ziel kenne, dann stelle ich Teilziele, Aufgaben und Aktionspläne auf. Ich gehe ein Teilziel nach dem anderen an, so daß ich der Erreichung des Gesamtzieles immer näher komme.

Wenn ich auf diesem Weg einen Rückschlag erleide, dann formuliere ich mein Teilziel neu und starte einen neuen Versuch, bis ich es geschafft habe.

Imagination und Fantasie

In meiner Fantasie sehe ich mich, wie ich die Aufgaben, die ich mir gestellt habe, erfolgreich bewältige.

Ich stelle mir vor, daß es mir Freude macht, die notwendigen Aufgaben auszuführen oder sie erfolgreich zu bestehen.

Wenn ich eine Lösung brauche, mir aber die richtige Idee und der nötige Einfall fehlen, dann versuche ich gezielt, meine Fantasie für Eingebungen aus der kosmischen Ebene zu öffnen, um in meiner Fantasie Impulse, die mir auf meinem Wege weiterhelfen, zu erfahren.

Tatkraft und Ausdauer

Ich werde immer bereit sein, das Nötige zu tun, was erforderlich ist, um mich meinem Ziel näher zu bringen.

Die Fähigkeit, das Nötige im richtigen Augenblick zu tun, ist nicht weit verbreitet, ich aber gehöre zu den Menschen, die diese Fähigkeit besitzen.

Im Jetzt leben

Bei allem was ich tue, denke ich immer konzentriert an die Erfüllung meiner jetzt gewählten Aufgabe.

Ich bin mit meinen Gedanken nicht in der Zukunft und nicht in der Vergangenheit, sondern ich lenke meine Aufmerksamkeit nur auf das Jetzt. Dadurch bin ich immer in der Lage, meine Aufgaben ohne übermäßigen Streß zu erfüllen und kann alle meine Kräfte auf die Erfüllung dieser Sache ausrichten.

Völliges Vertrauen

Ich vertraue darauf, daß ich die gewählte Aufgabe leicht erfüllen kann und, daß bei eventuell auftretenden Schwierigkeiten, die kosmische Intelligenz in mir helfend eingreifen wird.

Ich weiß: Wer wirklich positiv denkt, findet im Falle der Not Unterstützung.

Ich bin davon überzeugt und hege keine Zweifel darüber, daß ich meine Ziele durch Tatkraft und Ausdauer und die anderen Übungen zum positiven Denken erreiche.

Im Jetzt leben

Es gibt nur einen einzigen Augenblick, der Dein Leben verändern kann, und dieser Augenblick ist das Jetzt.

Was bedeutet dieser Punkt?

Eine der wesentlichsten Erkenntnisse für die Arbeit mit dem positiven Denken ist, daß jeder Gedanke, jedes Gefühl und jede Vorstellung immer nur im Jetzt wirksam sind.

Das Jetzt bietet die Möglichkeit, alle Gedanken, die wir in der Vergangenheit bezüglich unseres Lebens hatten, aufzulösen und neu zu denken.

Ebenso sind alle Vorstellungen über unsere Zukunft nur so lange für oder gegen uns wirksam, wie wir im Jetzt an diesen Bildern festhalten.

Diese Erkenntnis beinhaltet ein großes Versprechen:
Wir können jetzt alle Fehler, die wir in unserem Denken und Fühlen in der Vergangenheit gemacht haben, wieder auflösen und unwirksam machen.

Wenn wir in der Vergangenheit aus Unkenntnis oder aus einer Schwäche heraus negative Gedanken, Gefühle und Fantasien hatten, so brauchen wir uns hierüber jetzt keine Gedanken zu machen. Sie können sich nicht mehr in unserem Leben auswirken, wenn wir jetzt anders darüber denken.

Weil Sie jahrelang falsch gedacht haben, können sich viele Menschen kein besseres Leben mehr vorstellen. Dies ist nicht richtig; täglich schaffen wir ein neues Leben.

Denken Sie immer an den Spruch: »Heute ist der erste Tag vom Rest meines Lebens!« und glauben Sie daran, daß Sie jetzt und in jedem jetzt noch folgenden Augenblick ein besseres, neues Leben führen können, allein durch die Kraft Ihrer Gedanken, Gefühle und Vorstellungen, die Sie mit Hilfe der kosmischen Intelligenz verwirklichen.

Wenn Sie das vorher Gesagte ganz verstanden haben, dann wissen Sie auch, warum der Mensch keine Bitterkeit im Herzen tragen darf, egal was man ihm angetan hat: Jedes Mal, wenn wir an unser Unglück zurückdenken, jedes Mal, wenn wir im Jetzt wieder dieselben Leiden fühlen wie damals, schaffen wir diese Leiden wieder neu!

Wir sind in unseren Vorstellungen, die wir jetzt haben, in hohem Maße schöpferisch; wir schaffen uns unsere eigene Realität und unsere zukünftigen Lebensumstände.

Schlußfolgerung dieser Erkenntnis ist: »Weil ich gestern und vorgestern positiv gedacht habe – muß ich es fortsetzen, damit ich *jetzt* wieder etwas Positives bewirke!«

Es ist unwirksam zu sagen, ab morgen denke ich positiver über meine Zukunft. Das einzige, was zählt, ist der jetzige Augenblick. Da dieses Jetzt uns ständig begleitet, heißt es also, die Gedanken in jedem Augenblick darauf zu richten, was positiv und erwünscht ist.

In welchem Verhältnis steht das Im-Jetzt-Leben zu den anderen sechs Punkten?

Persönliche Verantwortung

Ich weiß, daß es nur einen Augenblick gibt, in dem ich durch positives Denken etwas bewirken kann, und dieser Augenblick ist das Jetzt!

Es liegt in meiner persönlichen Verantwortung, immer wieder dafür zu sorgen, daß ich in jedem Augenblick meine positive, zuversichtliche Einstellung im Hinblick auf meine Ziele beibehalte. Niemand anders kann jetzt irgend etwas für mich tun – nur ich selbst.

Offene Kommunikation

Ich verschiebe meine offenen Gespräche nicht auf später, sondern ich sorge jetzt dafür, daß mein Denken und Fühlen und meine Worte miteinander in Einklang stehen.

Ich habe jetzt die Möglichkeit, durch offene Kommunikation dafür zu sorgen, daß ich keine Mißverständnisse mit anderen Menschen mehr aufkommen lasse, weil ich jetzt klar sage, was ich denke.

Sorgfältige Zielformulierung

Jetzt ist der Augenblick, in dem ich meine Ziele genau beschreiben und präzise formulieren kann.

Ich verschiebe die sorgfältige Zielformulierung nicht auf später, sondern ich überlege immer sofort, wie das Ziel konkret aussieht und welche Verwirklichung ich mir vorstelle.

Immer, wenn ich merke, daß ich mein Ziel nicht genau kenne, ziehe ich mich zurück und kläre diesen Punkt sofort – jetzt.

Imagination und Fantasie

Ich weiß, daß ich jetzt meine Zukunft gestalte durch den Inhalt meiner jetzigen Fantasie und Vorstellungen.

Jetzt ist die Zeit, meine inneren Bilder mit meinen Zielen in Einklang zu bringen, und jetzt ist der Augenblick, in dem ich meine Übungen machen muß, um mein Unterbewußtsein regelmäßig mit den gewünschten Bildern und Vorstellungen zu versorgen, damit meine Ziele sich in meinem Leben manifestieren können.

Tatkraft und Ausdauer

Ich bin bereit, jetzt das Nötige zu tun, um etwas Förderliches im Hinblick auf meine Ziele zu erreichen.

Ich weiß, daß es nicht ausreicht, wenn ich mir vornehme, in der Zukunft aktiv zu werden, sondern daß es darauf ankommt, jetzt etwas zu tun.

Wenn ich einer Schwierigkeit begegne, dann werde ich sofort – jetzt – die Ausdauer an den Tag legen, die den endgültigen Erfolg sicherstellt.

Im Jetzt leben

Die einzig wirksame Kraft für eine Veränderung geht vom *Jetzt* aus! Jetzt übermittle ich meinem Unterbewußtsein nur Gedanken und Vorstellungen, die förderlich für mich sind.

Ich lebe bewußt im heutigen Tag und schließe das tote Gestern und das ungeborene Morgen mit all den bereits vergangenen Negativerfahrungen und den Befürchtungen und negativen Vorahnungen aus meinem Denken und Fühlen aus.

Ich achte in jedem Augenblick darauf, jetzt positiv zu denken und die Möglichkeiten in meinen Lebensumständen zu sehen.

Völliges Vertrauen

Ich weiß, daß ich ein geistiges Gesetz anwende, wenn ich mir meine Ziele, die ich noch erreichen will, *jetzt* als bereits verwirklicht vorstelle.

Ich lasse mich nicht davon abbringen, dieses Gesetz bewußt anzuwenden, egal was andere Menschen davon halten.

Ich weiß, daß eine Situation, die ich *jetzt* in mein Unterbewußtsein als Wirklichkeit einpräge, in meinem Leben Gestalt annehmen muß, wenn ich völlig darauf vertraue.

Das völlige Vertrauen auf die unbegrenzten Fähigkeiten der kosmischen Intelligenz in mir macht mich *jetzt* frei von allen Begrenzungen und allen Zweifeln.

Völliges Vertrauen

Völliges Vertrauen heißt, ohne Zweifel glauben, daß der Inhalt meines eigenen Denkens und Glaubens von der kosmischen Intelligenz verwirklicht wird.

Was bedeutet dieser Punkt?

Der eigene Glaube daran, daß was ich denke, fühle und mir in meiner Fantasie vorstelle, Wirklichkeit wird, ist wichtiger als der Gedanke selbst.

Aber: In der heutigen Zeit, in der Zweifel über alles und jedes Normalzustand ist, scheint es echter Hohn zu sein, wenn wir sagen, wir sollten völlig vertrauen! Der Durchschnittsmensch ist voller Zweifel und Angst. Er fühlt sich als Spielball höherer Kräfte, die er nicht durchschaut, und denen er sich hilflos ausgeliefert fühlt. Er rechnet jederzeit damit, daß irgend jemand versucht, ihm zu schaden oder ihm etwas Negatives anzutun.

Dieser Geisteszustand des ewigen Zweifels und der Erwartung des Bösen führt dazu, daß solche Ereignisse im Leben dieses Menschen tatsächlich vorherrschen!

Was der Mensch im Innersten denkt, das wird er erleben:
Diese Aussage ist schon einige Jahrtausende alt. Doch viele Menschen, auch die ernsthaft auf dem Wege zum positven Leben durch positives Denken sind, werden häufig von mangelndem Vertrauen heimgesucht.

Woran sollen wir glauben, beziehungsweise worauf soll sich unser völliges Vertrauen begründen? – Auf folgende zwei Bereiche:

- Vertrauen Sie vollkommen auf das Gesetz, daß eine Vorstellung, an der Sie festhalten, sich verwirklichen muß, egal, wie im Augenblick die Realität zu sein scheint.
- Vertrauen Sie auf eine kosmische Intelligenz in Ihnen selbst, die nur Gutes verursachen kann und die Sie durch Ihr Denken, Fühlen und Glauben in Ihrem Leben zum Einsatz bringen können.

Alle Menschen wünschen sich einen Freund, der alles weiß und ihnen hilft, wenn sie selbst nicht mehr weiter wissen. Alle Menschen suchen diesen Freund in ihrer Umgebung und in ihrem Freundeskreis. Es gibt aber nur einen Ort, wo dieser allwissende Ratgeber und Führer sich verborgen hält: in jedem Menschen selbst!

Gott hat allen Menschen das Wissen zugänglich gemacht, welches sie für ein erfolgreiches und positives Leben benötigen. Es offenbart sich jedoch nur jenen Menschen, die ohne Zweifel glauben und die völliges Vertrauen in die Hilfe der kosmischen Intelligenz setzen beim Versuch, ihre Ziele zu erreichen.

In welchem Verhältnis steht völliges Vertrauen zu den anderen sechs Punkten?

Persönliche Verantwortung

Angst und Zweifel sind die größte Seuche der heutigen Zeit. Ich bin nicht gezwungen, diese Gefühlszustände hilflos zu ertragen, sondern ich habe die Kraft in mir, mich darüber zu erheben und positiv in die Zukunft zu schauen.

Diese Aufgabe kann mir niemand abnehmen, sondern ich selbst habe die persönliche Verantwortung dafür, diese Kräfte in mir immer wieder zu wecken und zu aktivieren.

Ich vertraue völlig darauf, daß meine persönlichen Fähigkeiten stärker und größer sind als jedes Problem, mit dem ich konfrontiert werde.

Offene Kommunikation

Ich weiß, daß ich nur durch offene Kommunikation das Vertrauen meiner Gesprächspartner gewinnen kann und wirklich hilfreiche Gespräche mit den Menschen führen kann, die mir wichtig sind und mit denen ich zusammen bin.

Ich vertraue völlig darauf, daß mir die richtigen Worte zur Lösung jedes Kommunikationsproblems einfallen werden, wenn ich es wirklich will.

Ich bin in der Lage, auch die schwierigsten Gespräche mit den schwierigsten Menschen zu einem harmonischen oder zumindest zufriedenstellenden Ende zu bringen.

Sorgfältige Zielformulierung

Ich vertraue völlig darauf, daß ich alle Ziele, die ich mir setze, erreiche.

Ich weiß, daß ich bereits im Augenblick, in dem ein Wunsch in mir entsteht, die Möglichkeiten zur Realisierung latent in mir habe.

Ich formuliere deshalb meine Ziele, ohne mir in meinen Fähigkeiten Schranken aufzuerlegen, und vertraue auf mich selbst, daß mir alles Nötige zur Zielerreichung einfallen wird.

Imagination und Fantasie

Da ich weiß, daß alle Weisen der Menschheitsgeschichte gesagt haben, daß die gezielt eingesetzte Fantasie und Vorstellungskraft die sicherste Methode zur Zielerreichung ist, setze ich diese Methode regelmäßig jeden Tag in völligem Vertrauen auf einen erfolgreichen Ausgang ein.

Gerade das völlige Vertrauen darauf, daß diese Methode funktioniert, ist ein wesentlicher Faktor zur Zielerreichung.

Tatkraft und Ausdauer

Immer wenn ich mir klare Ziele gesetzt habe und an die Arbeit gehe, weiß ich, daß ich völlig darauf vertrauen kann, daß mein Einsatz von Erfolg gekrönt sein wird.

Ich vertraue darauf, daß mich meine Tatkraft und Ausdauer unbedingt zu einem endgültigen Erfolg führen werden, wenn ich alles beachte, was zum POSITIV-System gehört.

Ich vertraue völlig darauf, daß ein möglicherweise auftretender Rückschlag nur ein Umweg ist, der die Erreichung des Ziels nicht verhindert.

Im Jetzt leben

Ich weiß, daß mich meine negativen Gedanken der Vergangenheit jetzt nicht mehr negativ beeinflussen können, wenn ich im Jetzt voller Vertrauen an das Gute glaube.

Ich kann mich völlig darauf verlassen, daß ich durch mein jetziges Denken und Fühlen alle schädlichen Wirkungen meines früheren Denkens und Glaubens auflösen und unwirksam machen kann.

Negative Ängste und Befürchtungen, die ich im Hinblick auf meine Zukunft hatte, sind nicht mehr wirksam, wenn ich ab jetzt völliges Vertrauen in eine positive Gegenwart und Zukunft habe.

Völliges Vertrauen

Ich weiß, daß die Beibehaltung des völligen Vertrauens keine oberflächliche Schönfärberei ist, sondern daß ich damit einen wesentlichen Faktor bei der Verwirklichung meiner positiven Ziele zum Einsatz bringe.

Ich vertraue völlig darauf, daß ein Ziel, welches ich mir bildlich als bereits verwirklicht vorstelle, durch mein Vertrauen in die Allmacht der kosmischen Intelligenz Wirklichkeit werden muß.

Ich vertraue völlig auf die Methode, auf das Gesetz des Geistes und auf die unerschöpfliche Kraft in mir.

Teil 3

Checklisten

Checkliste O: Das POSITIV-System

Wenn eine Schwierigkeit bei der praktischen Anwendung des positiven Denkens auftritt, so liegt es fast immer daran, daß einer oder mehrere der folgenden sieben Punkte nicht beachtet wurden.

Prüfe jeden Punkt und Du weißt, wo Du ansetzen mußt!

Worin besteht das Problem oder die Schwierigkeit?

Habe ich in allem, was dieses Problem und seine Lösung betrifft,

P = Persönliche Verantwortung übernommen?

O = Offene Kommunikation gepflegt?

S = Sorgfältige Zielformulierung vorgenommen?

I = Imagination und Fantasie eingesetzt?

T = Tatkraft und Ausdauer bewiesen?

I = Im Jetzt gelebt?

V = Völliges Vertrauen gehabt?

Beim Prüfen dieser Fragen hat sich folgender Schwachpunkt ergeben, den ich *jetzt* verbessern werde:

Folgende Maßnahmen ergreife ich *jetzt*, damit ich den endgültigen Erfolg, nämlich die Verwirklichung meines Zieles, erreiche:

Checkliste 1 : Persönliche Verantwortung

Die persönliche Verantwortung ist von grundlegender Bedeutung beim positiven Denken.

Ich prüfe meine Einstellung dazu anhand der folgenden Fragen. Auf diese Weise erkenne ich, wo ich ansetzen muß, um mich in diesem Punkt zu verbessern!

Worin besteht das Problem oder die Schwierigkeit?

Habe ich in allem, was dieses Problem und seine Lösung betrifft,

- alles getan, was in meinen Möglichkeiten steht?
- vermieden, anderen Menschen die Schuld an meiner Situation zu geben?
- mich daran erinnert, daß alles was mir geschieht, von innen nach außen wirkt?
- selbst immer auf meine Möglichkeiten statt auf meine »Grenzen« geschaut?
- jedesmal, wenn ein negativer Gedanke auftauchte, diesen durch einen positiven Gedanken ersetzt?
- dafür gesorgt, daß ich mir immer über die kosmischen Kräfte in mir bewußt bin, die ich durch meine Gedanken zum Einsatz bringe?
- jederzeit Bücher und Texte über positive Möglichkeiten greifbar, die mir Anregungen geben können, die mir weiterhelfen?

Beim Prüfen dieser Fragen hat sich folgender Schwachpunkt ergeben, den ich *jetzt* verbessern werde:

Folgende Maßnahmen ergreife ich *jetzt*, damit ich den endgültigen Erfolg, nämlich die Verwirklichung meines Zieles, erreiche:

Checkliste 2 : Offene Kommunikation

Eine Kommunikation, die nicht mit den innersten Gedanken und Gefühlen übereinstimmt, führt zu Problemen, weil immer das wirkt, was in uns ist.

Ich prüfe meine Kommunikation anhand der folgenden Fragen und erkenne dadurch, wo ich ansetzen muß, um mich in diesem Punkt zu verbessern!

Worin besteht das Problem oder die Schwierigkeit?

Habe ich in allem, was dieses Problem und seine Lösung betrifft,

- selbst dafür die Verantwortung übernommen, daß ich offene Gespräche führe?

- immer das gesagt, was ich wirklich denke, so daß der andere weiß, woran er ist?

- genau festgestellt, daß die Menschen, die mir bei meiner Zielerreichung helfen sollen, dies auch wirklich wollen?

- meine Gespräche im Hinblick auf das angestrebte Ziel immer voller Zuversicht darüber geführt, daß ich es erreichen werde?

- mich aktiv und ausdauernd so lange um eine offene Kommunikation bemüht, bis diese auch stattgefunden hat?

- jedes Gespräch über ein mögliches Mißlingen meines Zieles unterlassen?

Beim Prüfen dieser Fragen hat sich folgender Schwachpunkt ergeben, den ich *jetzt* verbessern will:

Folgende Maßnahmen ergreife ich *jetzt,* damit ich den endgültigen Erfolg, nämlich die Verwirklichung meines Zieles, erreiche:

Checkliste 3 : Sorgfältige Zielformulierung

Das Unterbewußtsein braucht eine präzise Zielvorgabe, damit die kosmischen Kräfte in uns wirksam werden können.

Ich prüfe meine Zielformulierung anhand der folgenden Fragen und erkenne dadurch, wo ich ansetzen muß, um mich in diesem Punkt zu verbessern!

Worin besteht das Problem oder die Schwierigkeit?

Habe ich in allem, was dieses Problem und seine Lösung betrifft,

- selbst das angestrebte Ziel formuliert, statt es mir von anderen Menschen vorschreiben zu lassen?

- darauf geachtet, daß mein Ziel mit meinen innersten Wünschen und Neigungen übereinstimmt?

- das Ziel formuliert im Bewußtsein, daß ich erreichen werde, was ich mir vorstellen kann, ohne mir Schranken aufzuerlegen?

- mein Ziel als bereits verwirklicht formuliert und die Freude über die bereits erfolgte Verwirklichung zum Ausdruck gebracht?

- mir bei hohen Zielen, die eine gewisse Zeit zur Erfüllung benötigen, genügend Zwischenziele gesetzt, um Erfolgserlebnisse zu sammeln?

Beim Prüfen dieser Fragen hat sich folgender Schwachpunkt ergeben, den ich *jetzt* verbessern werde:

Folgende Maßnahmen ergreife ich *jetzt*, damit ich den endgültigen Erfolg, nämlich die Verwirklichung meines Zieles, erreiche:

Checkliste 4 : Imagination und Fantasie

Am sichersten verwirklicht die kosmische Energie in uns bildhafte Vorstellungen unserer Fantasie.

Ich prüfe meine Arbeit mit der Imagination und Fantasie anhand der folgenden Fragen und erkenne dadurch, wo ich ansetzen muß, um mich in diesem Punkt zu verbessern!

Worin besteht das Problem oder die Schwierigkeit?

Habe ich in allem, was dieses Problem und seine Lösung betrifft,

- täglich meine Übungen in kreativer Vorstellungskraft vorgenommen?

- mich regelmäßig in meiner Fantasie bereits am Ziel, in der Situation, die ich mir wünsche, gesehen?

- daran gedacht, auch außerhalb meiner Übungen jeden negativen Gedanken durch eine positive Vorstellung zu ersetzen?

- mir verdeutlicht, warum diese Übungen so wichtig sind und dementsprechend durchgehalten?

- bevor ich mit der Visualisierung beginne, dafür gesorgt, daß ich in einen Entspannungszustand komme?

Beim Prüfen dieser Fragen hat sich folgender Schwachpunkt ergeben, den ich *jetzt* verbessern werde:

Folgende Maßnahmen ergreife ich *jetzt*, damit ich den endgültigen Erfolg, nämlich die Verwirklichung meines Zieles, erreiche:

Checkliste 5 : Tatkraft und Ausdauer

Wir erreichen unsere Ziele selten, wenn wir die Hände in den Schoß legen und nur abwarten.

Ich prüfe meine Aktivität und Ausdauer anhand der folgenden Fragen und erkenne dadurch, wo ich ansetzen muß, um mich in diesem Punkt zu verbessern!

Worin besteht das Problem oder die Schwierigkeit?

Habe ich in allem, was dieses Problem und seine Lösung betrifft,

- genau geprüft, was ich Sinnvolles tun kann, um die Erreichung meines Zieles zu fördern?

- getan, was ich mir vorgenommen habe?

- bei Schwierigkeiten oder Rückschlägen weitergemacht und nicht aufgegeben?

- mir bewußt gemacht, daß ein Rückschlag nur einen Umweg und keine endgültige Niederlage darstellt?

- immer daran gedacht, daß das Ziel erst dann erreicht ist, wenn ich so lange durchhalte, bis mein Wunsch verwirklicht ist?

Beim Prüfen dieser Fragen hat sich folgender Schwachpunkt ergeben, den ich *jetzt* verbessern werde:

Folgende Maßnahmen ergreife ich *jetzt*, damit ich den endgültigen Erfolg, nämlich die Verwirklichung meines Zieles, erreiche:

Checkliste 6 : Im Jetzt leben

Die Vergangenheit ist vorbei und kommt nicht wieder, die Zukunft ist weit entfernt und ungewiß. Das Einzige, was wirklich zählt, ist das Jetzt.

Ich prüfe mein bewußtes »Im-Jetzt-Leben« anhand der folgenden Fragen und erkenne dadurch, wo ich ansetzen muß, um mich in diesem Punkt zu verbessern!

Worin besteht das Problem oder die Schwierigkeit?

Habe ich in allem, was dieses Problem und seine Lösung betrifft,

- die zentrale Bedeutung des jetzigen Augenblicks für alle meine zukünftigen Erlebnisse erkannt?

- dafür gesorgt, daß ich in meinen Gedanken und Gefühlen im heutigen Tag verweile und nicht immer wieder die alten Probleme der Vergangenheit neu denke und fühle?

- alle Sorgen und Befürchtungen, die die Zukunft betreffen, unterlassen und mich auf das Heute konzentriert?

- mir bewußt gemacht, daß ich heute bereits meine Ziele als verwirklicht fühlen muß, um die kosmische Kraft zu aktivieren?

- meine Gedanken und Gefühle jeweils im gegenwärtigen Augenblick – jetzt – im Griff?

Beim Prüfen dieser Fragen hat sich folgender Schwachpunkt ergeben, den ich *jetzt* verbessern werde:

Folgende Maßnahmen ergreife ich *jetzt*, damit ich den endgültigen Erfolg, nämlich die Verwirklichung meines Zieles, erreiche:

Checkliste 7 : Völliges Vertrauen

Ich weiß, daß völliges Vertrauen in allen Situationen wesentlich zur Zielerreichung beiträgt.

Ich prüfe mein völliges Vertrauen anhand der folgenden Fragen und erkenne dadurch, wo ich ansetzen muß, um mich in diesem Punkt zu verbessern!

Worin besteht das Problem oder die Schwierigkeit?

Habe ich in allem, was dieses Problem und seine Lösung betrifft,

- immer ohne zu zweifeln an die Erreichung meines Zieles geglaubt?

- nie Ängste darüber gehabt, ob ich es wohl schaffe, mein Ziel zu erreichen?

- jedesmal, wenn Angst und Zweifel aufkamen, sofort dafür gesorgt, daß ich wieder in den Zustand des völligen Vertrauens komme?

- mir bewußt gemacht, was mit dem Begriff »völliges Vertrauen« überhaupt gemeint ist?

- als religiöser Mensch darauf vertraut, daß nur Gutes von Gott zu mir kommen kann und das Böse durch positives Denken aufgelöst wird?

- begriffen, daß ich mit dem POSITIV-System die neuesten Erkenntnisse des Lebens-aus-dem-Geiste anwende und daß ich völlig auf die Richtigkeit dieser Prinzipien vertrauen kann?

Beim Prüfen dieser Fragen hat sich folgender Schwachpunkt ergeben, den ich *jetzt* verbessern werde:

Folgende Maßnahmen ergreife ich *jetzt*, damit ich den endgültigen Erfolg, nämlich die Verwirklichung meines Zieles, erreiche:

Täglich üben ist der sicherste Weg zum Erfolg.

Wie soll man mit dem POSITIV-System arbeiten?

Wer bis hierher gelesen hat, wird für sich persönlich bereits erkannt haben, wie er das POSITIV-System in seinem täglichen Bemühen um ein positives Leben durch positives Denken unterstützend einsetzen kann. Ich selbst beschäftige mich in regelmäßigen Abständen mit der Lektüre des Gesamt-Systems. Auf diese Weise gehe ich sicher, daß ich die wesentlichen Dinge nicht vergessen kann, sondern immer wieder an die sieben Punkte und Voraussetzungen für den Erfolg durch positives Denken erinnert werde.

Da ich bereits seit Jahren mit diesem System arbeite, beschäftige ich mich, besonders bei auftretenden Problemen, mit den Checklisten. Wer in Schwierigkeiten steckt und die Checklisten durchliest, wird sehr schnell merken, in welchem Bereich er seinen Fehlern oder Versäumnissen hauptsächlich entgegenwirken muß.

Besonders möchte ich auf die Bedeutung der Ausdauer – auch bei der Anwendung des POSITIV-Systems – hinweisen. Wer zu früh aufgibt, wird seine Ziele nicht erreichen, das ist in allen Lebensbereichen so.

Wer jedoch immer wieder Durchhaltevermögen beweist, wer niemals aufgibt, egal, wie die augenblickliche Situation aussieht, der wird sein Ziel erreichen.

Als wichtige Ergänzung zum POSITIV-System sind Bücher über positives Denken und verwandte Bereiche anzusehen.

Das POSITIV-System informiert bewußt knapp über die grundlegenden Dinge des positiven Denkens. Deshalb sollte jeder Leser, der mehr über die Hintergründe wissen möchte, weitere Bücher lesen, wenn er sich über einzelne Teilbereiche des POSITIV-Systems näher informieren will.

Das POSITIV-System ist als Leitfaden gedacht, um das Wesentliche nicht aus den Augen zu verlieren, um in der Fülle der Methoden und Meinungen nicht die Orientierung zu verlieren.

Literaturempfehlungen

Die folgenden Titel sind ein kleiner Ausschnitt aus der Fülle der angebotenen Literatur. Sie geben Aufschluß über Fragen, die bei der Arbeit mit dem POSITIV-System auftreten können.

Autor und Titel	Besonders geeignet zu						
	P	O	S	I	T	I	V
Bach/Wyden							
– Streiten verbindet		x					
Frank Bettger							
– Lebe begeistert und gewinne	x	x			x		
Dale Carnegie							
– Sorge Dich nicht, lebe	x	x	x	x	x	x	x
Emil Coué							
– Die Selbstbemeisterung durch bewußte Autosuggestion	x	x	x	x	x	x	x
Roy Eugene Davis							
– So kannst Du Deine Träume verwirklichen				x			
– Entfalte Dein inneres Potential	x	x	x	x	x	x	x
Thorwald Dethlefsen							
– Schicksal als Chance	x	x	x	x	x	x	x
Dr. Wayne W. Dyer							
– Das Glück der positiven Erziehung	x	x	x	x	x	x	
– Führen Sie in Ihrem Leben selbst Regie (und alle anderen Veröffentlichungen)	x	x	x	x	x	x	

Autor und Titel	Besonders geeignet zu						
	P	O	S	I	T	I	V
Erhard E. Freitag							
– Kraftzentrale Unterbewußtsein	x	x	x	x	x	x	x
– Hilfe aus dem Unterbewußtsein	x	x	x	x	x	x	x
Shakti Gawain							
– Stell Dir vor				x			
Napoleon Hill							
– Denke nach und werde reich	x		x		x		
Raymond Hull							
– Alles ist erreichbar	x	x	x		x		
Prentice Mulford							
– Unfug des Lebens und des Sterbens	x	x	x	x	x	x	x
Dr. Josef Murphy							
– Die Macht Ihres Unterbewußtseins (und alle anderen Bücher)	x			x			x
Norman Vincent Peale							
– Die Kraft positiven Denkens	x	x	x	x	x	x	x
– So hilft positive Fantasie				x			
– Was Begeisterung vermag	x	x	x	x	x	x	x
– Das Ja zum Leben	x	x	x	x	x	x	x
Catherine Ponder							
– Das Wohlstandsgeheimnis aller Zeiten							x
Jane Roberts							
– Die Natur der persönlichen Realität	x	x	x	x	x	x	x

Autor und Titel	Besonders geeignet zu						
	P	O	S	I	T	I	V
Robert H. Schuller							
– Harte Zeiten – Sie stehen sie durch	x	x	x	x	x	x	x
– Der Weg zur inneren Ruhe	x	x	x	x	x	x	x
José Silva							
– Silva Mind Control				x			
W. Clement Stone							
– Erfolg durch positives Denken	x		x		x		
– Der unfehlbare Weg zum Erfolg	x		x	x			
Dr. Mahasura Taniguchi							
– Leben aus dem Geiste	x	x	x	x	x	x	x

2. Teil

POSITIV-Training

Inhalt

Vorwort

Mein im Frühjahr 1987 erschienenes Buch „Positives Denken gezielt einsetzen und sein Leben verändern – Das POSITIV-System“ hat eine Fülle von Reaktionen hervorgerufen. Die nahezu täglich eingehenden schriftlichen, telefonischen und persönlichen Reaktionen waren durchwegs positiv. Das mit dem genannten Buch bezweckte Ziel, eine für jedermann leicht verständliche Einführung in die Methode des Positiven Denkens und einen Leitfaden für die praktische Anwendung im täglichen Leben zu geben, wurde also zur Zufriedenheit erreicht.

Trotzdem wurden die Fragen nach weiterführenden Hilfen immer lauter, denn für viele Leser entsteht beim aktiven Versuch, die erlernte Methode auch praktisch zu leben, ein Problem. Aus diesem Grunde habe ich mich entschlossen, die praktische Anwendung des Positiven Denkens und insbesondere die praktische Arbeit mit dem von mir entwickelten POSITIV-System in einem Praxis-Buch besonders zu erklären.

Alle Menschen, die wirklich bereit sind, täglich an der Praxis der positiven Lebensgestaltung zu arbeiten, finden in diesem Buch die Hilfe zur Selbsthilfe, die sie in die Lage versetzt, ihr Leben aktiv umzuwandeln.

Sie erfahren in diesem Buch weitere Hintergründe darüber, warum Positives Denken funktioniert und welche Fehler den Erfolg verhindern können.

Die Leser, die bisher trotz innerer Bereitschaft zum Positiven Denken mit großen Schwierigkeiten zu kämpfen hatten, erfahren in diesem Buch, worin die Ursachen für ihre Probleme begründet sind und wie sie diese überwinden können.

Die in unserem Unterbewußtsein verankerten Glaubenssätze, tiefverwurzelte Überzeugungen, die wir im Laufe des Lebens erworben haben, sind die Ursache für die Schwierigkeiten, die wir mit dem Positiven Denken haben können. Diese Glaubenssätze sind oft für unser bewußtes Denken unsichtbar und so kommt es, daß wir die Gründe für unsere Schwierigkeiten meist am falschen Platz suchen.

Wie wir im Verlauf dieses Buches erkennen werden, ist es jedoch gar nicht so schwierig, sich die im eigenen Unbewußten verankerten inneren Blockaden bewußtzumachen. Das Bewußtsein ist die Voraussetzung dafür, die Blockaden aufzulösen und frei von ihren Auswirkungen werden zu können.

Das größte Problem bei der Praxis des Positiven Denkens ist demnach die Überwindung von „alten Programmen“, das Akzeptieren des Vorhandenseins von „inneren Begrenzungen“, von Glaubenssätzen, die im Unbewußten verankert sind, von dort wirken, und die wir in unserem Leben als negative und einschränkende Erfahrungen erleben.

Glaubenssätze steuern und prägen unsere Erfahrungen – dieses geistige Gesetz ist niemals zu umgehen. Der Sinn einer positiven Lebensgestaltung ist es also nicht, zu versuchen ohne Glaubenssätze zu leben, denn das ist unmöglich. Es geht darum, sich von der Macht und Auswirkung unerwünschter Glaubenssätze zu befreien.

Es gibt „positive“ und „negative“ Glaubenssätze, also solche, die wir als förderlich empfinden, und solche, die unsere freie Entfaltung behindern.

Dieses Buch versucht, die Grundzüge der Entstehung eines jeden Glaubenssatzes und seine Auswirkung im Leben des betreffenden Menschen zu erklären. Außerdem erläutert es die Methoden zur Ermittlung der Glaubenssätze, die in uns wirksam sind, sowie die Techniken zur Auflösung der begrenzenden Glaubenssätze und ihre Umstrukturierung in fördernde, also positive Glaubenssätze.

Um seine Überzeugungen zu ändern, ist es nötig, bewußt vorzugehen. Systematisches Denken und Handeln sind die Grundlage einer Veränderung zum Positiven. Das POSITIV-Training ist daher ein Anstoß zum Handeln. Alle in diesem Buch beschriebenen Wahrheiten werden erst dann für Sie wirksam, wenn Sie ihnen entsprechend handeln!

Dieses Buch ist geschrieben worden, um die Hindernisse auf dem Weg zu einem freien, von inneren Blokkaden befreiten Leben zu beseitigen. Jeder kann es tun, es ist nicht schwer, nur das Wissen um die Methoden und ihre Anwendung ist nötig.

Das vorliegende Buch enthält Übungen, die unverzichtbarer Bestandteil einer aktiven, positiven Lebensgestaltung sind. Es bildet eine Zusammenfassung der in dem von mir regelmäßig durchgeführten POSITIV-Training gelehrten Prinzipien und stellt eine äußerst praktikable Anleitung zur positiven Veränderung der Lebensumstände dar.

„Das Praxis-Buch zum POSITIV-System" beginnt dort, wo das Buch „Positives Denken gezielt einsetzen und sein Leben verändern" endet. Es ist eine unverzichtbare Ergänzung zu meinem vorangegangenen Werk.

Ich setze bei diesem Buch Grundkenntnisse in der Methode des Positiven Denkens und – im zweiten Teil – über das POSITIV-System voraus.

Wenn Sie, lieber Leser und liebe Leserin, Schwierigkeiten mit dem Positiven Denken haben, dann klären Sie Ihre Glaubenssatzsituation, und Sie werden Erfolg haben.

Sollten Sie zu den Menschen gehören, die den Glauben an sich selbst und ihre Erfolgsmöglichkeiten steigern wollen, so wird dieses Buch eine Hilfestellung dazu geben.

Ich wünsche Ihnen ein Leben in Erfolg und Harmonie!

Bremen 1990 *Manfred Czierwitzki*

Einleitung

Dieses Buch hat das Ziel, Sie zum Handeln anzuregen. Es soll Ihnen helfen, immer wieder aufs neue den wichtigsten Schritt Ihres Lebens zu tun, nämlich den Schritt vom Denken zum Handeln!

Die meisten Menschen, die Schwierigkeiten in ihrem Leben haben, handeln nicht so erfolgreich, wie sie es könnten. Sie fühlen sich durch innere und äußere Widerstände regelrecht lahmgelegt. Sie haben nicht die Kraft, positiv zu handeln, oder sie erkennen die Bedeutung des eigenen Handelns bei der Erzielung von positiven Veränderungen in ihrem Leben nicht.

Positives Denken und positives Handeln sind zwei Seiten einer Münze – man kann nicht erfolgreich sein, wenn eine Seite fehlt. Das Wesen des Positiven Denkens habe ich ausführlich in meinem ersten Buch erläutert – das Positive Handeln steht im Mittelpunkt dieses Buches.

Viele Menschen haben eine falsche Vorstellung davon, wie man erfolgreich wird. Da das Wissen um diese Dinge nicht an den Schulen gelehrt wird, ist es leider die Aufgabe jedes einzelnen, durch eigene Erfahrungen, durch Versuch und Irrtum, zu den Erkenntnissen darüber zu gelangen, welcher Weg erfolgreich ist und welcher in den Mißerfolg führt.

Ich kann von mir behaupten, daß alles, was ich in diesem Buch beschreibe, von mir persönlich erfahren und geprüft wurde. Ich habe mich nie nur mit den Lehren anderer begnügt. Ich wollte immer genau wissen, welche Methode in der Praxis zu welchem Ergebnis führt. Dies

Buch ist daher – ebenso wie meine anderen Veröffentlichungen – direkt aus der Praxis entstanden.

Ich bin zu dem Ergebnis gekommen, daß es zwar möglich ist, Wissen, das man sich angeeignet hat, weiterzugeben, nicht aber die Erfahrung. Erfahrungen muß jeder Mensch selber sammeln – ohne Ausnahme.

Weisheit entsteht aus gelebtem Wissen. Erst, wenn ein Mensch selbst den Praxistest gemacht hat, kann er aus eigener Weisheit sprechen.

Ich betone dies deshalb an dieser Stelle, weil es mir wichtig ist, daß Sie, lieber Leser und liebe Leserin, erkennen, daß Ihnen alles Wissen aus diesem Buch nichts hilft, wenn Sie es nicht Ihrem ganz persönlichen Praxistest unterziehen.

Erst das eigene Handeln, die eigenen Aktivitäten bei der Anwendung der beschriebenen Methoden werden Ihnen all das bringen, was Sie sich erhoffen.

Sehr viele Menschen haben sich durch Anhäufung von Wissen über die geistigen Gesetze enorm weitergebildet. Sie können heute darüber dozieren und Vorträge halten. Doch darum geht es uns nicht.

Einer der weisesten Menschen, der je auf dieser Erde gelebt hat, nämlich Jesus Christus, hat bereits vor 2000 Jahren gesagt: „An ihren Früchten werdet ihr sie erkennen!“

Die Früchte sind die sichtbaren Ergebnisse unseres Denkens. Diese sind jedoch in der Regel nicht durch Denken allein zu erzielen. Es muß das Handeln hinzukommen, welches wir als „in physische Bewegung gebrachtes Denken“ bezeichnen können, und welches uns oft erst in den Genuß der erwünschten Früchte bringt.

Handeln erfordert immer einen dahinterstehenden Gedankengang. Wer handelt, der tut dies immer aufgrund seiner inneren Gedanken und Überzeugungen. Jeder Mensch, der eine Handlung vollbringt, setzt damit also eine geistige Konzeption in die Tat um.

Wir müssen uns dessen bewußt werden, daß unser Denken und Handeln Hand in Hand gehen müssen, wenn wir unser volles Potential als menschliches Wesen ausschöpfen wollen. Wir haben unseren Körper und unsere körperlichen Fähigkeiten bekommen, um die Ideen unseres Geistes zu verwirklichen. Unsere Handlungskraft ist ein wichtiges Werkzeug unseres Geistes, und wenn wir dies nicht einsetzen, dürfen wir uns nicht wundern, daß die Ergebnisse ausbleiben.

Viele Menschen, die die Erfahrung gemacht haben, daß sie durch ihr früheres Handeln nicht zum Erfolg gelangt sind, versuchen es über kurz oder lang mit dem Positiven Denken. Sie lesen die unzähligen Bücher und sie lesen die Beispiele, in denen geschildert wird, wie Menschen allein durch den Einsatz ihres Denkens zu bemerkenswerten Ergebnissen gekommen sind. Solch ein Beispiel vor Augen, reduzieren diese Menschen nun auch ihr eigenes Handeln und bemühen sich, dieselben Erfolge auf ausschließlich geistige Weise zu erzielen.

Der Frust ist hierbei bereits vorprogrammiert!

Positives Denken ersetzt das Handeln nicht. Es geht Hand in Hand mit ihm. Die Mißerfolge des eigenen Handelns entstanden nicht, weil zuviel gehandelt wurde, sondern weil im falschen Geist gehandelt wurde! Dies ist ein wichtiger Unterschied.

Das Positive Denken soll also nicht das Handeln ersetzen, sondern ihm eine andere, positivere Grundlage bieten.

Die vorgenannten Beispiele aus allen Büchern über Positives Denken sind nicht zu verallgemeinern. Sie beziehen sich in der Regel auf solche Situationen, in denen bereits alles getan war, was man selbst tun konnte – oder auf solche, in denen eine eigene Handlung effektiv nicht möglich war. Solange wir noch etwas Sinnvolles und Positives tun können, sollten wir uns niemals nur auf unsere geistigen Kräfte verlassen.

Ich habe früher sehr aktiv gehandelt, mit wechselndem Erfolg. Durch die Beschäftigung mit den verschiedensten Lehren (beispielsweise der Esoterik) habe ich bewußt den Versuch gemacht, herauszufinden, was durch geistige Kräfte allein zu erreichen ist.

Ich habe durch viele Versuche mit dem „Nichthandeln“ die Erfahrung gemacht, daß es ebenso falsch ist, blind zu handeln, ohne für eine positive geistige Grundlage zu sorgen, wie es falsch ist, blind zu glauben und zu denken, daß geistige Arbeit allein ausreicht, um in dieser Welt Erfolge zu erzielen.

Wir müssen lernen, den Mittelweg zwischen dem ausgewogenen Einsatz der geistig-seelischen und unserer körperlich-materiellen Kräfte zu finden.

Die Existenz des Menschen hat unter anderem den Sinn, Geist in Materie, also in sichtbare Form zu verwandeln. Die sichtbaren Ergebnisse unseres Denkens und Handelns sind für uns ein lebendiges Feedback, eine Rückmeldung darüber, wie vollkommen unser Schöpfungsprozeß war. Gefällt uns unsere Schöpfung nicht, so können wir jederzeit durch erneutes, verbessertes Denken und Handeln eine verbesserte Schöpfung materialisieren, also sichtbar machen.

Es ist nicht sinnvoll, seine ganze innere Kraft nach innen zu richten. Wer dies einmal versucht hat, wird feststellen, daß eine sich immer weiter ausbreitende innere Lähmung die Folge ist – bis hin zur völligen Handlungsunfähigkeit.

Richten wir unsere geistig-seelische Kraft jedoch nach außen, auf die Welt, und unterstützen wir sie durch entsprechende Handlungen, so werden unsere Früchte sichtbar. Und genau das ist es doch, worauf es ankommt: Nicht die Worte sind wichtig, sondern die Taten!

Abschließend möchte ich an dieser Stelle noch bemerken, daß wahre Glückseligkeit nur durch unsere Taten erreicht werden kann. Wenn wir nichts tun, werden wir auf Dauer nicht glücklich sein können. Das aktive, möglichst selbstbestimmte Handeln gehört zur menschlichen Natur. Gemeinsam mit anderen oder allein für andere etwas zu tun, das gibt uns die Art von Befriedigung, die wir im Innersten unseres Herzen suchen.

Lassen Sie uns also in diesem Buch den Grundstock dafür legen, daß auch Sie künftig frei sein können – mit frohem, positivem Geist und freudigem, vorwärtsgerichtetem Handeln!

Der Grund, warum es uns manchmal sehr schwerfällt, so zu handeln, wie wir es uns vorgenommen haben – und der tiefere Grund, warum es uns oftmals so schwerfällt, aus unserem bisherigen Trott herauszukommen und unser Leben positiv umzuwandeln – , dieser Grund ist bisher in der Literatur über Positives Denken und Handeln kaum behandelt worden.

Bevor wir daher zur Anleitung der praktischen Arbeit mit dem POSITIV-System kommen, möchte ich Ihnen in Teil 1 dieses Buches eine grundlegende Einführung darüber geben, wie wir unsere Wirklichkeit gestalten. In dieser Darstellung sind Erklärungen enthalten, die es Ihnen künftig sehr erleichtern können, Ihren Erfolg mit dem Positiven Denken und Handeln zu steigern.

Teil 1
Hindernisse beim Positiven Denken und ihre Überwindung

Wie wir durch unser Denken unsere Wirklichkeit gestalten

Die Lehrer des Positiven Denkens erläutern bereits seit vielen Jahren ihren Mitmenschen die Auffassung, daß unsere Gedanken eine Kraft sind und daß wir durch eine Veränderung unseres Denkens eine Veränderung in unserem Leben bewirken können.

Sie schildern Beispiele von Menschen, die dies vor uns bereits erfolgreich erfahren haben, und sie geben Ratschläge über den richtigen Aufbau von Suggestionen und Affirmationen (Bejahungen).

Sie erklären den Zusammenhang zwischen Bewußtsein und Unterbewußtsein, und sie erläutern die Methoden und Techniken, die uns deutlich machen, wie man eine neue Vorstellung vom Bewußtsein in das Unterbewußtsein transportiert.

Alles das ist bereits bekannt und in diversen Büchern verbreitet. Ich gehe in Teil 2 näher auf diese Methoden ein, die jeder kennen sollte, der sein Leben bewußt positiv verändern möchte.

In vielen Gesprächen, beispielsweise während meiner Seminare, höre ich jedoch immer wieder, wie Menschen darüber klagen, daß es ihnen sehr schwerfällt, diese Methoden erfolgreich anzuwenden. Sie sagen, sie versuchten es wirklich, schafften es aber einfach nicht, sich aus ihrem alten Mißerfolgskreislauf herauszudenken.

Sie erleben das, was meines Erachtens in den bisherigen Büchern über Positives Denken zuwenig behandelt wurde, nämlich den „Zwangscharakter“ der eigenen Gedanken und Handlungen. Sie reagieren immer wieder auf die alte Weise, obwohl sie sich vorgenommen haben, auf eine neue, positive Weise zu denken und zu handeln.

Obwohl sie sich also zum Beispiel vornehmen, positiv, mitfühlend, stark, optimistisch, fröhlich und enthusiastisch zu sein, gewinnt immer wieder die alte Gewohnheit negativer Gefühle wie Aggressionen oder Depressivität die Oberhand.

Die ganzen Schwierigkeiten, die in der Praxis auftreten können, wenn man versucht, seine Denk- und Handlungsgewohnheiten positiv zu verändern, werden kaum oder zu wenig behandelt. Gerade hier jedoch, wenn man sich wie in einem Teufelskreis fühlt, ist Hilfe nötig.

Diese Hilfe liegt sicher zum einen darin, den Menschen zu raten, ihre Übungen unbeirrt fortzusetzen – bis zum Erfolg. Sie kann jedoch auch dadurch geleistet werden, daß genauere Aufklärung darüber erfolgt, wie Gedanken eigentlich unsere Wirklichkeit erzeugen, und wie stark sich die alten, bisherigen Überzeugungen zur Wehr setzen, wenn wir sie uns abgewöhnen wollen.

Ich gebe daher, noch bevor wir zu der praktischen Arbeit mit dem POSITIV-System kommen, eine Einführung in die Funktionsweise des menschlichen Geistes. Sie wird Erklärungen darüber geben, warum mancher bisher mit dem Positiven Denken nicht weitergekommen ist, und wie die inneren Signale zu deuten sind, die uns oftmals verwirren, irritieren und blockieren.

Wie bereits an früherer Stelle gesagt: Glauben Sie mir nicht nur, sondern sammeln Sie eigene Erfahrungen mit diesem Wissen, indem Sie es in Ihren eigenen Lebenssituationen ausprobieren. Eine eigene Erfahrung mit diesem Wissen ist für Sie mehr wert als zehn weitere Bücher über dieses Thema.

Der Mensch ist ein geistiges Wesen

Wenn wir die Zusammenhänge wirklich verstehen wollen, müssen wir uns als erstes dessen bewußt werden, daß der Mensch ein geistiges Wesen ist, welches sich in einem sichtbaren materiellen Körper befindet!

Solange wir nicht akzeptieren, daß der Geist den Körper – also das Unsichtbare das Sichtbare – erschaffen hat und ebenso unsere materielle Umwelt und unsere Lebenserfahrungen, so lange wird es uns schwerfallen, wirklich frei und unbegrenzt unser eigenes Leben schöpferisch zu gestalten.

Ich möchte mich in diesem Buch nicht in esoterische Sichtweisen vertiefen, die sich schwerpunktmäßig mit der geistigen Welt befassen. Meine Erfahrungen hiermit sind durchaus intensiv, und ich werde sie in einem anderen Buch zu gegebener Zeit veröffentlichen. An dieser Stelle soll nur wichtig sein, welche Zusammenhänge zwischen uns als Geistwesen und unseren sichtbaren Lebenserfahrungen bestehen.

Der Mensch ist ein geistiges Wesen – das bedeutet, daß das Wesentliche, das, was ihn und seine Erfahrungen erschafft und steuert, unsichtbar, nämlich Geist oder Bewußtsein ist.

Das Tier, welches selbstverständlich auch Bewußtsein hat, unterscheidet sich vom Menschen besonders dadurch, daß es nicht im gleichen Maße frei ist in der Wahl seiner Lebensweise und seiner inneren Einstellungen zu den äußeren Umständen. Tiere, die in ihrer ihnen eigenen Umgebung leben, sind instinktiv im Einklang mit der Natur ihres eigenen Wesens und dem Universum.

Im Gegensatz zum Tier, welches die ihm gegebenen Lebensumstände annimmt und das Beste daraus macht, hat der Mensch die Freiheit, sich seine Lebensumstände selbst zu erschaffen und sie jederzeit nach eigenem Belieben zu verändern. Durch die dem Menschen gegebene Willensfreiheit ist es ihm möglich, sein Leben selbst nach eigenen Vorstellungen zu verändern.

Hierdurch kommt dem Menschen eine besondere Verantwortung zu, denn es ist ihm nicht möglich, auf seine Willensfreiheit zu verzichten.

Der Mensch hat also die Möglichkeit, ihm unerwünschte Lebensumstände zu verlassen und sich neue, erwünschte Lebensumstände zu schaffen – ganz wie es ihm beliebt.

Genauso wie das Tier muß jedoch auch der Mensch lernen, in Einklang mit „seiner Natur“ als schöpferisches Wesen zu leben. Er kann es sich nicht erlauben, seine eigene Verantwortung auf andere abzuschieben, denn dies verstößt gegen die Natur des Menschen.

Jesus Christus und viele andere Weise haben diese Natur, das Gesetz, welches der Mensch nicht umgehen kann, klar und unmißverständlich so beschrieben:

„Nach Eurem Glauben soll Euch geschehen!“

Dies bedeutet nicht mehr und nicht weniger, als daß der Mensch das in seinem Leben erlebt, wovon er in seinem Glauben – also in seinem Denken und Fühlen – überzeugt ist. Die persönliche Verantwortung für das eigene Denken zu übernehmen, ist also eine Forderung der Natur an den Menschen.

Viele Menschen wissen nichts von dem, was der Amerikaner Earl Nigthingale in seinem Vortrag „The Strangest Secret“ (Das seltsamste Geheimnis) beschreibt. Dieser Vortrag wurde als Toncassette mehr als eine Million mal verkauft.

Er beschreibt darin, daß der Mensch seit Beginn der Menschheitsgeschichte immer wieder auf das eine Geheimnis des Lebenserfolges hingewiesen wurde, welches den Schlüssel für alle unsere Lebensprobleme bildet. Er nennt es „Das seltsamste Geheimnis“, weil es jeder jederzeit lesen oder hören kann und weil es von hundert Menschen in der Regel nur einer kennt.

Das seltsamste Geheimnis, von dem Earl Nigthingale schreibt, heißt:

»Du wirst das erleben, woran Du den ganzen Tag lang denkst!«

Nicht das, was Du Dir wünschst, wirst Du erhalten. Nicht das, was Du Dir zum Ziel setzt und was Du manchmal für einige Minuten bedenkst, erhältst Du.

Nein – das, woran Du den ganzen Tag lang denkst, das ziehst Du an und das zieht Dich an – und das macht Dein Leben negativ oder positiv!

Ich habe schon seit vielen Jahren die Auffassung vertreten, daß es nicht darum geht, morgens und abends eine Übung im Positiven Denken zu machen und dann davon auszugehen, daß sich nun unser Leben wie durch ein Wunder verwandelt.

Die Aussage von Jesus Christus hierzu ist:

„Ihr müßt von neuem geboren werden!“

Das heißt nichts anderes, als daß wir in unserem Inneren ein vollständig neuer Mensch werden müssen, wenn wir im Äußeren vollständig neue Erfahrungen machen wollen.

Das Gesetz der Fülle, welches bedeutet: „Wie innen, so außen!“, kann nicht umgangen werden. „Was Dich erfüllt, erfüllt sich für Dich!“ heißt es – und nicht: „Das, was Du Dir wünschst und das, an was Du ab und zu denkst, wirst Du erhalten!“

Nehmen wir nun noch hinzu, was Roy Davis sagt: „Wohin Du Deine Aufmerksamkeit richtest, dahin fließt Deine Lebensenergie!“, so wird uns klar, wie unser Geist bei der Umwandlung von Gedanken in sichtbare Materie arbeitet.

Gedanken, die wir voller Aufmerksamkeit und Interesse einer bestimmten Sache widmen, werden mit Lebensenergie erfüllt und ziehen das entsprechende Ergebnis in unser Sichtfeld.

Die Willensfreiheit des Menschen besteht eigentlich in der Hauptsache in einem Punkt:

„Er hat die Willensfreiheit zu entscheiden, womit er sein Denken anfüllt – an was er den ganzen Tag lang denkt!“

Wenn er es zuläßt, daß sein Denken voller Unrat ist, dann darf er sich nicht wundern, wenn auch sein Leben voller Probleme und Schwierigkeiten ist.

Wir können die ewigen Gesetze der Natur, der Realität nicht außer Kraft setzen. Sie werden sich uns nicht anpassen, sondern wir sind gehalten, uns ihnen anzupassen.

Die meisten unserer Probleme rühren daher, daß wir uns standhaft weigern, dieses Gesetz, „Wie innen, so außen", zu akzeptieren und unser Denken danach auszurichten.

Da wir geistige Wesen sind, ist es aber nicht möglich, im sichtbaren Bereich, also im Bereich der Materie, Harmonie und Erfolg zu haben, solange wir im geistigen Bereich noch Mangel, Probleme, Sorgen und Streit beherbergen.

Ich würde mich freuen, wenn dieses Buch dazu beiträgt, dies zu erkennen, denn hier liegt einer der entscheidenden Schlüssel für ein Leben in Glück und Erfolg.

Die Funktionsweise des menschlichen Geistes

Nachdem wir nun wissen, daß es wirklich darauf ankommt, „wes Geistes Kind" wir sind, wollen wir uns nunmehr damit befassen, wie der menschliche Geist funktioniert.

Auch hierzu möchte ich bemerken, daß es nicht darum geht, es nur zu wissen, sondern entsprechend diesem Wissen auch zu handeln, wenn man Verbesserungen im eigenen Leben erfahren will!

Als Geistwesen sind wir Teil des Gesamtbewußtseins, welches die Welt und das Universum geschaffen hat. Es besteht also kein Grund zu der Annahme, daß es etwas Besonderes sei, ein geistiges Wesen zu sein, sondern es kann gesagt werden, daß alle Materie im Ursprung Geist oder besser gesagt Bewußtsein ist.

Der Unterschied zwischen den einzelnen Wesen der Schöpfung besteht also nicht darin, daß manche Wesen Bewußtsein haben und andere nicht, sondern in der unterschiedlichen Freiheit des Bewußtseins.

Ein Stein hat im Vergleich zu einer Pflanze nur ein sehr begrenztes Bewußtsein. Er kann sich nicht so in der Welt „bewegen", wie es der Pflanze möglich ist.

Ein Vogel hat wiederum ein freieres Bewußtsein als ein Baum, denn er kann den Ort wechseln und sogar fliegen.

Der Mensch wiederum hat das freieste Bewußtsein aller Lebewesen auf diesem Planeten. Er kann buchstäblich alles durch sein Bewußtsein erreichen, was er für möglich hält.

Der Stein muß sich innerhalb seiner Möglichkeiten im Rahmen der Schöpfung bewegen und ebenso der Baum und der Vogel. Sie wissen dies, und sie tun es ganz natürlich, ohne dagegen zu protestieren oder darunter zu leiden.

Beim Menschen sieht die Situation völlig anders aus. Da er, wie Jesus Christus sagt, „nach dem Bilde Gottes gemacht" ist, stehen ihm weitgehend unbegrenzte Möglichkeiten zur eigenen Selbstentfaltung offen. Was feststeht, sind die Startbedingungen für sein Leben – aber was er aus diesem Leben macht, ist ihm freigestellt. Er kann buchstäblich alles verändern.

Voraussetzung hierfür ist jedoch, daß er sich vorstellen kann, diese Veränderung zu erzielen!

Dies bedeutet nicht mehr und nicht weniger, als daß der Mensch es selbst in der Hand hat, sein Leben zu der Blüte zu bringen, die er sich vorstellt und die er sich wünscht. Ein Mensch, der sagt: „Dies oder das ist für mich nicht möglich!“, setzt sich selbst Grenzen.

In Wahrheit ist es so, daß die Entwicklung des Menschen nur durch seine begrenzten Vorstellungen begrenzt wird. Alle äußeren Grenzen sind in der Tat nur innere Grenzen. Solange wir im Inneren glauben, daß dort eine unüberwindbare Grenze ist, können wir sie auch im Äußeren nicht überwinden.

Die logische Konsequenz hieraus ist, daß es wirklich nicht an den äußeren Umständen liegt, wenn es in unserem Leben nicht vorangeht, sondern immer nur daran, daß wir selbst in unserem Inneren glauben: „Hier ist meine Grenze, über die ich nicht hinwegkomme!“ Der menschliche Geist, der den Schlüssel zu allen unseren Lebenserfahrungen bildet, muß sich also für die unbegrenzten Möglichkeiten seiner Entwicklung öffnen, um sie erfahren zu können.

Ein Mensch, der groß denkt, wird Großes erreichen. Ein Mensch, der klein denkt, wird mit weniger zufrieden sein müssen. Wie es schon der Spruch sagt: „Wer nicht glaubt, daß es geht, wird sich später zu Füßen eines Menschen wiederfinden, der glaubte, daß es geht!“

Dieses Prinzip, nach dem der menschliche Geist funktioniert, sollten Sie sich ganz bewußtmachen, wenn Sie

Ihr Leben in höhere Regionen entwickeln wollen. Lösen Sie sich von Ihren inneren Grenzen, und Sie erheben sich über Ihre äußeren Grenzen.

Dieses innere Wachstum muß jedoch vollständig sein, es muß zu Ihrer neuen Natur werden, damit Sie nicht in jedem Einzelfall wieder aufs neue Grenzen beseitigen müssen. Es geht darum, gewohnheitsmäßig groß und unbegrenzt zu denken, damit sich im Unterbewußtsein eine entsprechende Eigensteuerung entwickelt. Diese sorgt dann dafür, daß Sie automatisch in den Situationen Glauben beweisen, in denen Sie früher gezweifelt haben.

Glaubenssätze steuern unser Leben

Wie kommt es, daß manche Menschen automatisch erfolgreich und zuversichtlich denken, während andere automatisch zweifeln und Mißerfolge befürchten?

Der Grund liegt im Glaubenssatzsystem des einzelnen Menschen. Das Wissen um die Bedeutung unserer Glaubenssätze für unser Leben ist fundamental wichtig für jeden Menschen, der bewußt fähig werden will, sein Leben positiv zu meistern.

Glaubenssätze sind nicht negativ! Sie sind sogar unbedingt erforderlich, um uns einen Rahmen zu geben, in dem wir unser Leben einrichten können. Ein Glaubenssatz kann uns begrenzen oder fördern – je nachdem, ob er unsere Ziele unterstützt oder ob er gegen sie gerichtet ist. Da wir alle von Glaubenssätzen gesteuert werden, und da es insbesondere die begrenzenden Glaubenssätze sind, die uns das Leben schwermachen, wollen wir uns diese einmal etwas näher betrachten.

Es heißt immer: „Deine Gedanken steuern Dein Leben!“ Dies ist richtig und auch wieder nicht. Es ist so, daß die bewußten Gedanken der Ausgangspunkt dafür sind, wie wir tief von innen heraus gesteuert werden, aber sie sind es nicht allein, die diese Steuerung vornehmen.

Glaubenssätze steuern unser Leben – was dies für uns bedeutet und wie wir dieses Wissen zu unserem Vorteil einsetzen können, darum geht es jetzt.

Was ist das – ein Glaubenssatz? Ich will es einmal ganz einfach sagen:

„Ein Glaubenssatz ist ein Satz, an den ich glaube!“

Es ist nicht nur ein Gedanke, es ist nicht nur eine Annahme, sondern es ist eine Überzeugung, die mich zutiefst erfüllt. Ich bin mir ihrer so sicher, daß ich überhaupt nicht in Erwägung ziehe, daß sie falsch sein könnte!

Glaubenssätze sind tief in unserem Unterbewußtsein verborgene Überzeugungen. Sie sind uns teilweise in unserem Denken gar nicht mehr bewußt, weil wir sie bereits vor langer Zeit in unserem Unterbewußtsein „abgelegt“ haben.

Aber das Wichtigste ist: Sie wirken von dort weiter, obwohl wir nicht mehr an sie denken!

Ein Beispiel:

Ein Mensch ist zutiefst davon überzeugt, daß er nicht singen kann. Er hat im Grunde eine schöne Singstimme, aber jedesmal, wenn er aufgefordert wird, mitzusingen, sagt er: „Ich kann nicht singen!“ Er leidet vielleicht gar nicht darunter, weil es ihm kein großes Bedürfnis ist zu singen, aber immer, wenn er den Versuch macht, ein Lied zu singen, fällt er durch seine unschönen Töne auf.

An diesem konstruierten Beispiel können wir sehen, wie Glaubenssätze wirken:

Glaubenssätze haben einen gewaltigen Einfluß auf unser Denken, Fühlen und Handeln. Wenn wir einen Glaubenssatz erst einmal gebildet haben, tut dieser alles, um sich zu verwirklichen. Er beeinflußt unser gesamtes Denken, Fühlen und Handeln in seinem Sinne.

In unserem Beispiel ist es so, daß dieser Mensch denkt, er könne nicht singen, er fühlt sich unwohl, wenn er singen soll, und er singt unschön, wenn er es doch einmal tut.

Es wird also sein gesamtes Denken, Fühlen und Handeln in Mitleidenschaft gezogen, was den Einflußbereich seines Glaubenssatzes betrifft.

Wenn jemand glaubt, er könne nicht singen, so mag das noch zu verschmerzen sein. Es gibt jedoch Glaubenssätze, die unser Leben ganz gewaltig behindern. Dies ist dann der Fall, wenn es sich um eine besonders erwünschte Fähigkeit oder Angelegenheit handelt, oder immer dann, wenn ein Kernglaubenssatz unsere Erfahrungen einengt.

Ein Kernglaubenssatz ist besonders bedeutsam, weil er viele Lebensbereiche beeinträchtigen oder fördern kann. Ein Beispiel für einen Kernglaubenssatz ist:

„Ich bin ein Versager!“

Dieser Kernglaubenssatz kann sich in allen Lebensbereichen negativ auswirken. Er wird uns sowohl in einer Partnerschaft als auch in der Freizeit und im Geschäftsleben Schwierigkeiten bereiten. Er ist wie ein Virus, das alles ansteckt, womit es in Berührung kommt.

Wenn ein Mensch glaubt, er sei als Koch ein Versager, so kann er immer noch ein guter Tennisspieler sein. Glaubt er jedoch, er sei generell ein Versager, so wird sich diese Erfahrung durch alle Lebensbereiche ziehen.

Ein ähnlicher Fall ist der Kernglaubenssatz:

„Alle Menschen sind schlecht!"

Ein Mensch mit dieser Überzeugung wird schwerlich Vertrauen in die Menschen entwickeln können. Er zieht förmlich Erfahrungen mit solchen Menschen an, die es schlecht mit ihm meinen, und diese Erfahrungen bestätigen ihm seine innere Überzeugung.

Würde er glauben „Herr Meier ist schlecht!", so könnte er immer noch mit Herrn Müller und allen anderen Menschen außer Herrn Meier gut auskommen.

Verstehen Sie bitte den Unterschied! Ein begrenzender Kernglaubenssatz kann im negativen Falle viele Begrenzungen und Schwierigkeiten verursachen, während ein positiver Kernglaubenssatz umgekehrt in allen Lebensbereichen für erfreuliche Erfahrungen sorgt. Bei dieser Erkenntnis müssen wir noch ein wenig verweilen.

Alle Menschen, die Probleme mit der Praxis des Positiven Denkens haben, haben im Grunde Probleme mit ihren eigenen begrenzenden Glaubenssätzen. Warum das so ist und wie dies funktioniert, werde ich im folgenden erläutern.

Unser Bewußtsein, also der uns selbst bewußte Teil von uns, hat ganz bestimmte Aufgaben zu erfüllen, wenn das eigene Leben erfolgreich und harmonisch sein soll. Die wichtigste Aufgabe des Bewußtseins besteht darin, die eigenen Erfahrungen mit der Realität zu beurteilen. Fehlurteile ergeben fehlerhafte Aktivitäten im eigenen Unterbewußtsein, die sich in unserem Leben als Probleme und Schwierigkeiten bemerkbar machen. Unser Bewußtsein hat also die entscheidende Aufgabe, unserem Geist Informationen über unsere eigene Wirklichkeit zu übermitteln. Diese werden von den inneren Kräften unseres Wesens als wahre Informationen angenommen, und alle inneren Kräfte richten sich nach den Beurteilungen unseres Bewußtseins.

Wenn nun ein Mensch eine falsche Beurteilung über seine Situation an seine inneren Bereiche weitergibt (das geschieht ganz einfach und automatisch dadurch, daß er falsch über eine Situation denkt), so wird die ganze Kraft des Inneren dafür arbeiten, daß die Wirklichkeit sich so entwickelt, wie es seiner Beurteilung entspricht.

Sagt jemand, der in großen Schwierigkeiten steckt, zum Beispiel: „Für mich gibt es keine Lösung mehr!“, so kann die Lösung direkt vor seiner Nase liegen, aber seine eigene Überzeugung wird dafür sorgen, daß er sie nicht wahrnehmen kann.

So groß ist die Macht der Glaubenssätze! Sie vernebelt unser Denken und verschließt unsere Sinne vor dem, was uns helfen könnte, wenn wir glauben würden, daß es existiert.

Da es buchstäblich für jede Situation eine positive Lösung gibt, muß unser Bewußtsein erkennen, daß jede Bewertung wie „Es gibt keine Lösung." oder „Ich schaffe das nicht." eine selbstproduzierte Begrenzung nach sich zieht.

Ich spreche gerne davon, daß alle Lösungen, die wir brauchen, in der Regel schon auf der Welt waren, bevor sie in unser Sichtfeld traten. Der Partner oder die Partnerin, die wir kennenlernen, lebte schon zu einer Zeit, als wir nicht glaubten, jemals aus unserer Einsamkeit herauszukommen. Den Arbeitsplatz, den wir fanden, gab es schon, als wir noch verzweifelt unser Schicksal als Dauerarbeitsloser beklagten.

Oft ist es so, daß wir die Lösungen erst erkennen, wenn wir in unserem Inneren Hoffnung und positive Erwartungen entwickelt haben – kurz danach sehen wir plötzlich das, was wir schon immer hätten sehen können!

Unsere Glaubenssätze verstellen uns den Blick auf die Lösung. Sie sorgen sogar dafür, daß unsere Überzeugungen wie „Es gibt keine Lösung" am Leben bleiben, denn dies ist ihre Aufgabe!

Wenn wir die Funktionsweise des menschlichen Geistes richtig verstanden haben, dann müssen wir erkennen, daß es die Aufgabe der Glaubenssätze ist, unsere Überzeugungen zu verwirklichen. Dafür werden sie ja schließlich gebildet.

Viele Menschen, die mit dem Positiven Denken beginnen, wundern sich über die inneren und äußeren Widerstände, die sich ihnen entgegenstellen, nachdem sie mit ihrem neuen Denken begonnen haben.

Sie sollten sich statt dessen bewußt darauf einstellen, daß es gar nicht anders sein kann. Der alte Glaubenssatz verteidigt sich mit aller Kraft, denn das haben wir ihm ja aufgetragen, als wir ihn ins Leben gerufen haben.

Glaubenssätze sind unsere Verbündeten und nicht unsere Gegner. Sie können sich aber nur als Gleichgesinnte erweisen, wenn wir ihnen entsprechend denken und handeln. Sobald wir unser Denken und Handeln neu ausrichten – also entgegen einer alten Überzeugung handeln – , wird der bisherige Verbündete zu unserem scheinbaren Widersacher.

Der Grund hierfür ist, daß ein Glaubenssatz erst dann seine Kraft verliert, wenn ein anderer an seine Stelle getreten ist. Solange wir „nur" positiv denken und dies noch nicht in unserem Unterbewußtsein verankert haben, wirkt immer noch der alte Glaubenssatz weiter. Er verstärkt sogar seine Anstrengungen, unser Denken, Fühlen und Handeln in seinem Sinne zu beeinflussen. Dies führt dann oft dazu, daß wir unsere Anstrengungen, etwas zu ändern, wieder aufgeben.

Glaubenssätze haben Auswirkungen mit Zwangscharakter. Machen wir uns dies klar. Sie tun alles, um uns dazu zu bewegen, uns ihnen entsprechend zu verhalten. Versuchen wir, ein entgegengesetztes Verhalten an den Tag zu legen, so verteidigen sie sich mit allen ihnen zur Verfügung stehenden Mitteln. Das müssen sie auch, denn wir haben sie ja einmal mit dieser Aufgabe betraut.

Unser Bewußtsein, unser bewußtes Denken entscheidet darüber, welche Glaubenssätze sich in uns bilden. Ein Glaubenssatz kann gegen gezielte Aktivitäten des Bewußtseins, einen neuen, entgegengesetzten Glaubenssatz zu erzeugen, nicht bestehen. Er muß weichen. Aber er kann sich zäh und intensiv wehren, und darauf sollten wir eingestellt sein, wenn wir unser Leben positiv verändern wollen.

Jeder Mensch ist voller Glaubenssätze. Es gibt begrenzende und befreiende Glaubenssätze. Wie wir am Beispiel mit unserem Sänger gesehen haben, gibt es begrenzende Glaubenssätze, die uns ziemlich egal sind, weil wir unter dieser Begrenzung nicht leiden. Ebenso sind wir nicht unglücklich über die Glaubenssätze, die uns fördern und unser Leben positiv beeinflussen. Anders ist es mit all den Glaubenssätzen, die uns in unserem freien Selbstausdruck behindern.

Daher gehe ich im weiteren besonders auf die Glaubenssätze ein, deren Auswirkungen uns lästig sind, und die wir durch positivere Überzeugungen ersetzen wollen.

Wie Glaubenssätze entstehen

Wie ich bereits erläuterte, produzieren wir unsere Glaubenssätze selbst. Die Entstehung von Glaubenssätzen ist uns in der Regel genauso unbewußt wie das Atmen. Wir tun es, aber wir nehmen es nicht oft wahr.

Am Anfang jeden Glaubenssatzes steht ein Gedanke. Dieser Gedanke dringt aufgrund eines Vorfalles, eines Ereignisses, vielleicht einer Bemerkung eines anderen Menschen oder durch eine für uns eindrucksvolle Erfahrung in unser Bewußtsein.

Dieser Gedanke fasziniert uns, was nicht bedeuten muß, daß er uns gefällt. Er nimmt unsere Aufmerksamkeit in Anspruch, er erfüllt uns, er beschäftigt uns, beziehungsweise wir beschäftigen uns mit ihm.

Wenn es ein Gedanke ist, der uns nicht gefällt, vor dem wir vielleicht sogar Angst haben, so wird er uns nichtsdestotrotz verfolgen, gerade weil wir uns gegen ihn wehren. Der Gedanke nistet sich sozusagen in unserem Bewußtsein ein.

Da wir uns zunehmend mit diesem Gedanken beschäftigen, achten wir automatisch auch auf besondere, zu diesem Gedanken passende Ereignisse in unserem Leben. Wir suchen unbewußt Bestätigungen, die zu diesem Gedanken passen. Jedesmal, wenn wir eine solche Bestätigung gefunden haben, sind wir ein Stückchen mehr von der Wahrheit dieses Gedankens überzeugt.

Es kommt ein Gedanken-/Erfahrungskarussell in Gang, welches sich spiralenförmig immer weiter ausweitet. Unmerklich beginnen wir, uns dem Gedanken entsprechend zu verhalten. Unsere Handlungen beginnen, sich auf die Linie dieses Gedankens einzustellen. Wir handeln ihm entsprechend, zunächst nur manchmal, später regelmäßig.

Dabei machen wir wiederum Erfahrungen, die unser Denken bestätigen – und so weiter und so weiter.

Ab einem bestimmten Augenblick haben wir den Punkt erreicht, an dem eine Übergabe vom Bewußtsein an das Unterbewußtsein erfolgt. Von nun an verselbständigt sich diese Überzeugung – sie ist uns so selbstverständlich geworden, daß wir gar nicht mehr in Erwägung ziehen, daß es auch anders sein könnte!

Nun ist der Glaubenssatz aktiv, er ist auf der sogenannten „magischen" Stufe, das heißt, er produziert selbständig die zu ihm passenden Ereignisse und Lebenserfahrungen.

Nehmen wir auch hierfür ein Beispiel:

„Ich bin zu alt." – Wie oft glaubt ein Mensch, daß er für irgend etwas zu alt sei!

Wenn ein Mensch zum Beispiel in seinem Beruf erfolgreich tätig ist und einen vermeintlich sicheren Arbeitsplatz hat, dann macht er sich in der Regel wenig Gedanken über sein Alter.

Nehmen wir einmal an, er ist 48 Jahre alt.

Eines Tages erfährt er, daß sein Freund, der gleichaltrig ist, seinen Arbeitsplatz verloren hat, weil seine Firma geschlossen wurde.

Dieser Freund glaubt, daß man ab 40 zum „alten Eisen“ gehört und geht mit diesem Glaubenssatz an seine Situation.

Er verbreitet überall die Meinung, daß „man“ in seinem Alter keinen neuen Arbeitsplatz mehr finden könne. Er geht mit dieser Einstellung in den Tag, und er beendet ihn mit dieser Einstellung. Alle seine Bewerbungen sind von Mißerfolg gekrönt, aber da er sowieso nicht glaubt, daß er noch eine Chance erhält, fühlt er sich dadurch nur noch mehr bestätigt.

Als die beiden Freunde sich über die Situation unterhalten, stehen sich zwei gegensätzliche Meinungen gegenüber:

Der eine glaubt: „Ab 40 bist Du zu alt“. – Und der andere sagt: „Auch mit 48 kann man noch eine gute Arbeitsstelle finden.“

In dieser Situation kann leicht eine Glaubenssatzübertragung entstehen. Der positiv Denkende kann seinem arbeitslosen Freund den hoffnungsvollen Gedanken an eine neue Chance übertragen – es kann aber auch geschehen, daß der negativ Denkende sein Gegenüber mit seinen Schilderungen so beeindruckt, daß dieser anfängt, auch an ein „Altersproblem“ zu glauben.

Jede derartige Situation in unserem Leben, in der ein Austausch von Informationen stattfindet, die in jedem Falle durch die Glaubensüberzeugungen des Betreffenden geprägt sind, kann dazu führen, daß der Entstehungskreislauf eines neuen Glaubenssatzes beginnt.

Ich möchte an dieser Stelle auch kurz auf die große Bedeutung der Glaubenssätze eingehen, die in unserer Kindheit entstanden sind!

Kinder sind ungefähr bis zum Lebensalter von sieben Jahren sehr empfänglich für Beeinflussungen durch Bezugspersonen. Sie nehmen in dieser Zeit ungeheure Mengen an Wissen auf und mit diesem Wissen bilden sich auch Glaubenssätze heran. Gerade die in der Kindheit entstandenen Glaubenssätze machen uns oft das Leben sehr schwer, weil wir gerade sie für Tatsachen halten, anstatt sie als unseren Glauben, unsere Überzeugung, unsere ureigene Schöpfung zu erkennen.

Wenn Eltern ihrem Kind immer wieder sagen: „Du bist dumm!", „Aus Dir wird nie etwas Vernünftiges!", „Du bist eine Last!" etc., dann wird diese Aussage im Inneren des Kindes zu einer Überzeugung, die sein ganzes Leben beeinträchtigen kann.

Es gibt nicht wenige Beispiele von Frauen, die sich von ihren Männern fortgesetzt schlagen lassen, weil sie aus ihrer Kindheit den Glaubenssatz haben: „Ich bin nichts wert!" Die Tatsache, daß sie schlecht behandelt werden, bestätigt ihnen ihre innere Überzeugung – denn wenn sie wertvoll wären, würden sie schließlich nicht geschlagen werden.

Erkennen wir also, daß gerade die Glaubenssätze, die wir für Tatsachen halten, oftmals in unserer Kindheit entstanden sind, und daß diese oftmals Kernglaubenssätze pauschaler Natur sind, die unsere Lebenserfahrungen wesentlich beeinflussen.

Wie glücklich kann sich ein Mensch schätzen, der in seiner Kindheit positive, aufbauende Glaubenssätze über sich selbst „eingepflanzt“ bekam. Welche große Aufgabe für alle Eltern! Jeder, der Kinder hat, sollte über dieses Wissen verfügen und diese Chance nutzen, seinem Kind das ganze Leben zu erleichtern, indem er ihm die positiven Glaubenssätze einprägt, die es zu einem Leben in Erfolg und Harmonie befähigen können. Aber dies muß unbedingt gesagt werden:

„Jeder Glaubenssatz – egal, ob er in der Kindheit entstanden ist oder erst später – kann gelöscht oder verändert werden!“

Der Augenblick, in dem sich entscheidet, ob ein Glaubenssatz erhalten bleibt oder nicht, ist jetzt! Wollen wir ihn verändern, so können wir es tun. Es ist nicht schwer, wenn man erkannt hat, daß er sich mit Händen und Füßen verteidigen wird – aber daß er trotzdem keine Chance gegen einen Menschen mit klarem Geist hat, der weiß, was er tut, und entschlossen ist, bis zum endgültigen Erfolg durchzuhalten.

Bevor wir aber einen Glaubenssatz verändern können, müssen wir ihn erst einmal genauer kennen. Wie dies geht, wollen wir uns jetzt ansehen!

Wie man die eigene Glaubenssatzstruktur erkennt

Das Erkennen der eigenen Glaubenssatzstruktur ist leichter, als wir im allgemeinen glauben. Wir haben viele unserer Glaubenssätze bereits kennengelernt, aber da wir sie für die Wahrheit gehalten haben, konnten wir sie nicht als Glaubenssatz erkennen.

Grundsätzlich möchte ich sagen, daß es wichtig ist zu begreifen, daß alle unsere Überzeugungen Irrtümer sein können.

Jedesmal, wenn wir glauben, „So ist es – und nicht anders“, kann es uns passieren, daß wir jemanden treffen, bei dem es tatsächlich anders ist!

Wenn wir uns also mit unseren Glaubenssätzen befassen, sollten wir so an die Sache herangehen, daß wir uns vorstellen, unser Unterbewußtsein wäre bei der Geburt ein weißes Tuch gewesen. In unserem bisherigen Leben haben wir nun Flecken in dieses Tuch gemacht, und diese Flecken sind unsere Glaubenssätze. Wir hätten diese Flecken auch an einer anderen Stelle oder auf andere Weise machen können, dann hätten wir andere innere Überzeugungen.

Wir untersuchen also das ehemals reine weiße Tuch auf die von uns verursachten Flecken.

Übertragen bedeutet das:

„Alle Glaubenssätze, die wir finden, sind nicht die Wahrheit (das weiße Tuch) – sie sind nur von uns selbst zur Wahrheit erhobene Annahmen!“

Dieser Punkt, nämlich eine einigermaßen gelassene Distanz zu seinen eigenen Glaubenssätzen zu finden, ist bei der Glaubenssatzermittlung wichtig. Erst diese Gelassenheit ermöglicht uns, unvoreingenommen an uns heranzulassen, was aus unserem Unbewußten „hochkommt".

Wir ermitteln also erst und bewerten anschließend.

Eine einfache Methode zur Ermittlung der eigenen Glaubenssatzstruktur:

Wir brauchen dazu Papier und einen Stift. Am besten eignet sich einfaches DIN-A4-Papier, welches mit einem sogenannten T-Kreuz beschriftet wird (siehe Muster).

+	–
Ich bin vollkommen gesund.	Ich bin schwer krank...
Ich bin vollkommen gesund.	Ich habe Fieber...
Ich bin vollkommen gesund.	usw...

Auf die linke Seite des Blattes schreibt man oben ein großes Plus- und auf die rechte Seite ein großes Minuszeichen.

Nun zum System:

Ein Glaubenssatz gibt sich zu erkennen, wenn man gegen ihn spricht! Wenn Sie also Ihre Begrenzungen herausfinden wollen, dann müssen Sie möglichst unbegrenzt formulieren! Der begrenzende Glaubenssatz wird sich umgehend bemerkbar machen.

Schreiben Sie nun in die linke Spalte Ihres T-Kreuzes mehrere Male die gleiche positive Suggestion untereinander. Warten Sie dann den inneren Impuls auf diese Suggestion ab und notieren Sie den ersten Gedanken, den Sie dazu haben, auf der rechten Seite des T-Kreuzes. Fahren Sie so fort, bis Sie alle Spalten ausgefüllt haben.

Ein Beispiel:

+	–
Ich werde von allen geliebt!	Paul mag mich nicht!
Ich werde von allen geliebt!	Ich mag mich nicht!
Ich werde von allen geliebt!	Ich bin zu klein!
Ich werde von allen geliebt!	Keiner wird von allen geliebt!

An diesem Beispiel können wir schon erkennen, wie der Ablauf aussieht.

Der Satz auf der linken Seite ist so provozierend unbegrenzt, daß er die inneren Widerstände förmlich heraussprudeln läßt. Alle Glaubenssätze, die gegen diese positive Aussage im eigenen Inneren vorhanden sind, melden sich umgehend.

Hierbei ist es interessant zu beobachten, wie sich auch Aussagen melden, die scheinbar gar nichts mit dem eigentlichen Thema zu tun haben. In unserem Beispiel ist es die Aussage: „Ich bin zu klein!“ Sie deutet darauf hin, daß der Betreffende glaubt, daß nur große Menschen von allen geliebt werden.

Oft suchen wir die Gründe für unsere Probleme ganz woanders, als sie in Wahrheit sind. Ein Mensch, der großes Übergewicht hatte und mit der Formulierung „Ich bin schlank!“ arbeitete, kam zu folgendem überraschenden Ergebnis:

Er hatte immer geglaubt, er sei zu dick, weil er zuviel Nahrung zu sich nahm. Dies war sicher auch ein Grund für sein Übergewicht. Aber es war nicht die Ursache. Bei dieser Übung stellte sich heraus, daß er glaubte, er sei ein wertloser Mensch, den keiner liebt. Des weiteren stellte sich heraus, daß er glaubte, nur schlanke Menschen seien liebenswert.

Es wurde ihm klar, daß er deshalb so viel aß, weil er nicht schlank sein durfte, denn dann würde er ja geliebt. Dies konnte aber sein Glaubenssatz „Ich bin wertlos, keiner liebt mich!“ nicht zulassen.

Er konnte sein Gewichtsproblem lösen, indem er sein Selbstwertgefühl positiv veränderte, und danach erreichte er leicht und sicher sein Normalgewicht.

Wir sehen also: Glaubenssätze wirken manchmal um mehrere Ecken herum, und wir müssen sie mit klarem Geist ermitteln und richtig verstehen, damit wir sie auflösen und ändern können!

Glaubenssätze sind nicht schwer zu erkunden. Schwer fällt es uns in der Regel nur zu akzeptieren, daß es sich nicht um die Wahrheit handelt, sondern um eine von uns gewählte Überzeugung von der Wahrheit! Wenn wir unsere Glaubenssatzstruktur einmal ausführlich erforschen wollen, so sollten wir diese Übung über mehrere Tage machen. Es wird uns überraschen, wie viele verschiedene Überzeugungen wir zu einer solch klaren Aussage in uns haben.

Welchen Satz schreiben wir nun auf die linke Seite? Das hängt davon ab, worum es geht!

Wir sollten nicht einfach so „ins Blaue" forschen, sondern ganz gezielt die Bereiche ansprechen, in denen wir tatsächlich etwas verbessern wollen. Einen Bereich unseres Lebens, in dem wir uns begrenzt fühlen, und den wir gerne positiv verändern wollen.

Als erstes ermitteln wir unser erwünschtes Ziel, also das, was wir am liebsten erreichen oder erleben wollen. Hierzu formulieren wir einen Satz, der den erwünschten Optimalzustand beschreibt – also den bestmöglichen Zustand, den wir uns überhaupt vorstellen können.

Diesen kurzen, aber einprägsamen Satz schreiben wir jeweils auf die linke Seite!

Je klarer dieser Satz ist, um so deutlicher werden die Antworten sein, die in uns aufsteigen. Diese Antworten sind jedoch nicht „die Wahrheit", sondern die Glaubenssätze, die in unserem Inneren aktiv sind.

Wenn wir diese Übung eine Zeitlang fortsetzen, so werden sich individuelle Einzelgedanken und einer oder mehrere Kernglaubenssätze herauskristallisieren. Und diese Kernglaubenssätze sind am interessantesten für uns. Sie bilden die Hauptursache für unsere bisherigen Schwierigkeiten und müssen aufgelöst oder verändert werden.

Glaubenssätze zu ermitteln, ist nicht schwer – sie als solche zu akzeptieren, dagegen sehr!

Werden Sie sich dessen bewußt. Unsere Glaubenssätze kommen uns realer vor als die Wahrheit. Sie sind uns in

Fleisch und Blut übergegangen – sie sind ein Teil von uns geworden. Es fällt uns schwer, zwischen ihnen und uns selbst, unserem wahren Wesen, zu unterscheiden.

Wie ich schon mehrfach betont habe, ist dies nicht negativ! Gerade dieser Punkt nämlich, daß unsere Glaubenssätze eins mit uns werden, daß wir jeden Tag unbewußt ihnen entsprechend handeln, ist der große Vorteil, den uns positive, fördernde Glaubenssätze verschaffen. Sie helfen uns, wo sie nur können, unsere Lebensziele zu erreichen.

Ein Messer ist auch nicht zu verurteilen, weil man damit jemanden verletzen kann. Es ist eine sehr positive Sache für jeden, der damit umzugehen weiß!

Ich möchte noch erwähnen, daß die obige Übung, intensiv über einen längeren Zeitraum durchgeführt, auch zum Glaubenssatzwandel benutzt werden kann.

Man muß sich das so vorstellen:

Jedesmal, wenn man den neuen, erwünschten Zustand auf die linke Seite schreibt, transportiert man einen Gedanken in das eigene Unterbewußtsein – und jeder Satz, den man auf die rechte Seite schreibt, ist ein alter Gedanke, der uns verläßt. Auf diese Weise kann man gleichzeitig einen alten Gedankenberg abtragen und einen neuen Gedankenberg aufbauen.

Diese Übung ist insbesondere dann empfehlenswert, wenn es nicht möglich ist, unterstützende Handlungen zu vollziehen. Sie trägt wesentlich dazu bei, daß sich unser „inneres Klima“ positiv verändert.

Es ist egal, welchen Weg wir wählen, das Ziel ist immer dasselbe: Wir verwandeln unsere begrenzenden Glaubenssätze in fördernde, uns unterstützende Überzeugungen.

Wir können durch diese Arbeit an uns selbst dort am stärksten werden, wo wir bisher am schwächsten waren. Wir können uns vollkommen umwandeln und erneuern. Es liegt ausschließlich an uns selbst. Wir sind der Schöpfer unserer Persönlichkeit und unserer Lebensumstände.

Wie man erwünschte Glaubenssätze erzeugt

Der Weg zur Erzeugung erwünschter, positiver Glaubenssätze ist der Weg des Positiven Denkens und Handelns. Hierbei ist eines ganz klar:

Wenn ein Glaubenssatz bereits 20 Jahre in uns aktiv war, dann dürfen wir nicht so naiv sein zu glauben, er ließe sich in wenigen Stunden auflösen. Es kann schon eine gewisse Zeit erfordern und einige gezielte Anstrengung, aber wenn wir uns entschlossen haben, ihn zu verändern, dann sollte die dafür erforderliche Zeit unbedeutend sein.

Die Arbeit an unserem eigenen Unterbewußtsein erfordert Geduld und Konsequenz. Wir sind der Meister unseres Lebens und gestalten unsere Wirklichkeit selbst – gemeinsam mit den Menschen, die wir uns aus dem Gesamtfundus Menschheit, die zur Zeit immerhin etwa fünf Milliarden Menschen umfaßt, ausgewählt haben.

Es gibt viel mehr Menschen und Möglichkeiten, als wir uns im allgemeinen träumen lassen. Wir richten unser Augenmerk viel zu sehr auf den Mangel. Statt uns bewußt zu machen, daß wir einfach nicht genug wissen, um das Recht zu haben, ein Pessimist zu sein, blasen wir Trübsal und beklagen unsere selbstgefertigten Grenzen.

Wenn wir unsere neuen, befreienden Glaubenssätze heranbilden wollen, dann ist es unerläßlich, sich über die wahren Dimensionen der Möglichkeiten des Menschen klarzuwerden. Nur weil es in der nächsten Umgebung keinen Menschen gibt, der uns vorlebt, daß es möglich ist, sich unbegrenzt zu verwirklichen, heißt das noch lange nicht, daß es solche Menschen überhaupt nicht gibt!

Wenn wir glauben, daß es heute nicht mehr möglich ist, auf leichte und angenehme Weise sein Leben zu führen, Erfolg in Harmonie zu erreichen und Lebensfreude und Glück, dann dürfen wir uns nicht wundern, wenn die Menschen, die dies gerade erleben, sich nicht in unserer Nähe aufhalten.

Gleich und gleich gesellt sich gern. Ein Mensch, der an seine Möglichkeiten glaubt, dessen Glaubenssätze so geartet sind, daß sie ihn fördern und unterstützen, der wird auch entsprechende Menschen anziehen, die hierzu passen. Haben wir nur Menschen um uns, die selbst nicht zurechtkommen, so müssen wir bereit sein, die Ursache auch in uns selbst zu suchen, in unseren eigenen Überzeugungen.

Die Welt ist unverändert voller kreativer, positiver Möglichkeiten. Sie gehört uns allen gemeinsam, und jeder, der einen positiven Beitrag leisten will, ist willkommen. Glauben Sie nicht, daß es wirkliche Widerstände gegen die Entfaltung Ihres eigenen Besten gibt, wenn Sie selbst sich entschlossen haben, Ihren ganz persönlichen Weg zum Erfolg zu gehen.

Aber vergessen Sie nicht, was Jesus gesagt hat:

„Ihr müßt von neuem geboren werden!“

Es reicht nicht, nur zu wünschen und zu hoffen. Es bringt Sie nicht vorwärts, nur zu träumen und zu ersehnen. Und insbesondere können Sie gar nichts Positives erreichen, wenn Sie ständig klagen! Die Welt ist ein Ort der Freude und der Kreativität – nur mit dieser Einstellung finden Sie die Kraft in sich, Ihr Leben und das Ihrer Nächsten positiv umzuwandeln.

Die Erzeugung erwünschter Glaubenssätze ist daher nicht nur eine Sache von wenigen Gedanken. Sie erfordert, daß Sie sich mit Ihrer ganzen Persönlichkeit einbringen. Sie verlangt nicht mehr und nicht weniger von Ihnen, als daß Sie Ihr wahres Wesen, Ihr volles Potential zulassen und ins Leben bringen!

Es wird am Anfang vielleicht nicht ganz leicht sein. Es kann dazu führen, daß Sie einige Ihrer Freunde verlieren, die genauso wie Sie bisher geglaubt haben, daß es nicht geht! Es kann sein, daß Sie sich manchmal einsam fühlen und den Kampf aufgeben wollen – aber bedenken Sie: „Sie kämpfen niemals gegen jemanden außerhalb von sich, sondern immer nur gegen sich selbst!"

Negatives Denken und daraus folgende negative Glaubenssätze sind der Normalzustand der Bevölkerung. Um dies zu erreichen, brauchen wir uns nicht auf den Weg zu machen. Das geht ganz von alleine.

Aber genau wie der Adler, der hoch in die Lüfte aufsteigen will, zuerst kräftig mit den Flügeln schlagen muß, bevor er die freie Höhe erreicht, genauso muß sich auch der Mensch, der mehr aus sich machen will als der Durchschnitt, am Anfang bemühen und wieder bemühen.

„Alles war schwer, bevor es leicht wurde" – hat einmal ein erfahrener Mann gesagt. Erfahrung ist nicht anzulesen, sondern nur zu erfahren. Hierbei machen wir auch einmal Fehler, aber die bringen uns schließlich auf den richtigen Weg.

Die Auseinandersetzung mit den eigenen inneren Grenzen ist eine Aufgabe, die den ganzen Mann und/oder die ganze Frau erfordert. Die wenigsten Menschen sind hierzu wirklich bereit – sie klagen lieber über ihre Unzulänglichkeiten.

Wenn Sie zu denen gehören wollen, die sich selbst überwunden haben, dann müssen Sie auch die Handlungen der Erfolgreichen tun. Große Ziele werden dadurch erreicht, daß sich jemand auf die Reise begibt und so lange vorangeht, bis er angekommen ist.

Die Reise ist erst dann wirklich zu Ende, wenn die ganze Persönlichkeit umgewandelt ist – wenn wir dort, wo wir bisher aus Gewohnheit fehlerhaft gehandelt haben, nun gewohnheitsmäßig erfolgreich handeln. Das Entscheidende ist der feste Entschluß – und die Ausdauer, so lange unbeirrt durchzuhalten, bis der neue Glaubenssatz auf der magischen Stufe angekommen ist und die innere Selbststeuerung beginnt.

Positives Denken und Handeln mit System

Auch wenn wir nach einiger Zeit den wichtigsten ersten Schritt erfolgreich bestanden haben – und die neuen Gewohnheiten und Glaubenssätze fest in unserer inneren und äußeren Persönlichkeit verankert haben – sollten wir nicht leichtfertig werden.

Die Erfahrung zeigt, daß Positives Denken der sicherste Schutz vor negativen Entwicklungen im eigenen Leben ist. Gestalten wir unser Denken positiv, so wird sich auch unser Handeln positiv gestalten. Und ist unser Denken und Handeln positiv, so werden wir uns auch positiv fühlen.

Unsere Gefühle sind deutliche Hinweise darauf, ob wir unseren Glaubenssätzen entsprechend handeln. Stimmen Handlung und Glaubenssatz überein, so fühlen wir uns wohl. Stimmen Handlung und Glaubenssatz nicht überein, so fühlen wir uns unsicher und manchmal auch unwohl.

An unseren Gefühlen können wir viel über unsere Glaubenssätze ablesen. Oftmals geben sie uns sogar zuverlässiger Auskunft über unsere inneren Programme als unser Denken.

Wenn wir neue Gewohnheiten entwickeln wollen, so wird sich zuerst das Gefühl dagegen zur Wehr setzen. Wenn wir den Unterschied zwischen unserem Gefühl und unserer Intuition nicht kennen, können wir leicht in Schwierigkeiten kommen. Intuition ist eine klare innere Wahrnehmung, und Gefühl ist innere Emotion.

Unsere inneren Emotionen sind es oft, die uns so stark beeindrucken, daß wir folgendes glauben: „Das soll mir wohl sagen, ich soll dieses Ziel nicht erreichen!“ oder „Wenn ich mich so schlecht fühle, dann kann es ja nicht gut für mich sein, auf meinem neuen Weg weiterzugehen!“

Falsch gedacht! Unsere Emotionen sind Mittel unseres Glaubenssatzsystems zu seiner Verteidigung. Wenn ein Glaubenssatz sich bedroht fühlt, reagiert er mit negativen Gefühlen in uns. Diese so zu deuten, daß unser Inneres dann wohl nicht will, daß wir den neuen Weg gehen, ist ein reines Mißverständnis.

Intuition dagegen, die leise innere Stimme unserer Seele, gibt uns Hinweise ohne Emotionen. Der Mann, der nachts im Dunkeln in den Keller geht und Angst davor hat, daß ihn jemand überfällt, hat Emotionen. (Sein Glaubenssatz, daß man nachts im Keller gefährdet ist, meldet sich laut und vernehmlich.)

Ein Mann dagegen, der schon oft ohne Angst nachts in den Keller gegangen ist, und der plötzlich eine leise innere Warnung vor Einbrechern verspürt, die sich nachträglich als berechtigt herausstellt, hat Intuition. (Seine inneren Wahrnehmungsorgane gaben ihm eine Information zu seinem Schutz.)

Geben Sie niemals Ihre Ziele auf, weil Sie starke Emotionen (Angst, Zweifel) in sich spüren. Diese müssen sich in Ihnen bemerkbar machen, da sie dem bisherigen Glaubenssatz entsprechen und diesen verteidigen.

Immer wenn Sie versuchen, Ihre bisherigen Grenzen zu sprengen, werden Sie diese Erfahrung machen. Bleiben Sie unerschrocken und bleiben Sie fest – dann wird Ihr alter Glaubenssatz seinen Kampf aufgeben.

Freuen Sie sich darüber, daß wir Menschen eine solche gewaltige Kraft in unserem Innern erzeugen können, und richten Sie diese von nun an auf erwünschte Ziele und Lebensumstände.

Es gibt einige kritische Schwellen auf dem Weg. Aber sie sind zu überwinden. Besonders die von mir entwikkelten sieben Punkte des POSITIV-Systems sind geeignet, den Weg zur Entfaltung des eigenen Potentials zu fördern.

Das nun folgende POSITIV-Training ist die praktische Anleitung zur Arbeit mit diesem POSITIV-System. Es ist eine Methode zum Glaubenssatzwandel für jeden, der bereit ist, nicht nur zu wünschen und zu hoffen, sondern aktiv zur Verbesserung seiner Lebenssituation beizutragen. Es gibt Anregungen und Hinweise zur erfolgreichen Bewältigung der Hindernisse auf diesem Weg.

Nachdem wir uns nun dessen bewußt sind, daß es nur unsere eigenen inneren Programme sind, die uns an der Realisierung unserer Ziele hindern wollen, sollten wir frohgemut zur Tat schreiten.

Ein schönes, positives, erfolgreiches und glückliches Leben erwartet Sie – beginnen Sie es jetzt!

Teil 2
Leitfaden: Lebe positiv!

Aufruf und Leitfaden zur Bewußtseinserweiterung und positiven Lebensgestaltung

An dieser Stelle möchte ich Ihnen einen von mir entwikkelten kurzen Aufruf und Leitfaden zur positiven Lebensgestaltung und Bewußtseinserweiterung vorstellen, der Anfang 1987 von mir geschrieben und in Form einer kleinen Broschüre veröffentlicht wurde. Diese Broschüre ist bereits tausendfach im deutschsprachigen Raum verbreitet.

Dieser Aufruf beschreibt sowohl den Geist als auch die Wege, die man zu einem wirklich positiven Leben beschreiten muß. Im Gegensatz zum sonstigen Inhalt meiner Bücher ist dieser Text in der vertraulichen Du-Form geschrieben. Dies soll Ihnen das Gefühl vermitteln, daß es sich um Ratschläge eines wirklich guten Freundes handelt. Fühlen Sie sich von mir also einfach persönlich angesprochen – so, wie Sie es einem guten Freund erlauben würden.

Dieser Leitfaden beschreibt auch meine ganz persönliche Lebensphilosophie. Ich versuche mein Leben nach den Regeln auszurichten, die im folgenden beschrieben werden. Er enthält auch Hinweise auf Bereiche, die ich sowohl in meinem ersten Buch als auch im bisherigen Text nicht angesprochen habe, nämlich die Frage des Glaubens und der Religion. Ich bin weit davon entfernt, Ihnen Ratschläge zu geben, ob, wie oder an was Sie glauben sollten. Meine Erfahrung hat jedoch gezeigt, daß fast alle Menschen, die sich mit dem Positiven Denken beschäftigen, irgendwann an den Punkt kommen, an dem sie ihr Gottesverständnis klären möchten, und daß es hilfreich ist, sich auch über diesen Bereich unseres Lebens bewußter zu werden. Dies kann wesentlich zu einem positiven Leben beitragen.

Erst die Klärung der Frage „Wer bin ich eigentlich – woher komme ich und wohin gehe ich?“ bringt uns in Berührung mit dem Wissen um unsere Existenz als „Teil des einen Lebens“. Erkennen wir dies, so behandeln wir uns selbst besser als bisher und ebenso unsere Mitmenschen und die gesamten Erscheinungen der Welt.

Ich stelle diesen Leitfaden also bewußt zwischen die Erklärung unserer Glaubenssätze und die Praxis des POSITIV-Systems, denn er ist geeignet, eine Vision davon zu geben, was positives Leben eigentlich bedeutet.

Das Ziel meiner Bücher, Vorträge und Seminare ist es, Ihnen zu helfen, Visionen dieser Art in die Tat umzusetzen.

Lesen Sie die folgenden Seiten also aufmerksam, denn sie enthalten viele Hinweise darauf, was wir durch den gezielten Einsatz des POSITIV-Trainings letztendlich erreichen wollen!

Aufruf

Es ist an der Zeit, daß die Menschen erkennen, daß das Leben, welches die Allgemeinheit heute führt, nicht positiv ist. Es ist an der Zeit, daß der einzelne erkennt, daß es nicht darum geht, daß sich die Mehrheit ändert, sondern daß es an *ihm selbst* ist, umzukehren und zu beginnen, positiv zu leben. Die Änderung des einzelnen führt zur Änderung der Gemeinschaft. Jeder einzelne, der beginnt, positiv zu leben, leistet einen unschätzbaren Beitrag zur Verbesserung unserer gemeinsamen Welt.

Es ist an der Zeit, daß die Menschen erkennen, wer wahre Hilfe für ihre seelische Entwicklung bietet. Wer die Menschen ermutigt, ihre Liebe und ihr Vertrauen in die Möglichkeit, positiv zu leben, stärkt, hilft ihnen. Wer seine Aufmerksamkeit auf Mängel und Mißstände konzentriert, hat damit noch nichts verbessert. Es kommt im Leben nicht nur darauf an, Erfolg zu haben, sondern vor allem darauf, „ein Erfolg zu sein“. Ein Mensch, der positiv lebt, ist ein Erfolg und eine Wohltat für unsere Welt. Dieser Leitfaden enthält Hinweise, die einen Menschen wirklich positiv verändern können. Lebe sie – Jetzt ist die Zeit. Es gibt keinen besseren Augenblick dafür!

Situationsbeschreibung

Jeder Mensch sehnt sich aus der Tiefe seiner Seele danach, positiv zu leben, doch die wenigsten Menschen wissen, wie sie dies erreichen können. Statt Harmonie und innerer Zufriedenheit herrschen oft Sorgen und Probleme in ihrem Alltag vor. Sie „stolpern" durch ihr Leben! Zweifel, Ängste, Unsicherheit und Depressionen sind die Folge. Auch sogenannte Erfolgsmenschen fühlen häufig eine innere Leere, die es ihnen unmöglich macht, ihren Erfolg wirklich zu genießen. Das muß nicht sein! Durch Bewußtseinserweiterung ist es jedem Menschen möglich, sich selbst in seinem vollen Potential zu erfahren. Jeder Mensch ist der schöpferische Gestalter seiner eigenen Realität, und er kann lernen, diese Fähigkeit ganz bewußt einzusetzen. Zwei Themen berühren den Menschen in der Tiefe seiner Seele: das Wissen um die Macht der eigenen Gedanken und das ganz persönliche Verhältnis zu Gott. Ein positives Leben ohne bewußte Klärung dieser beiden Fragenkreise ist kaum möglich, und daher kläre sie für dich. Ein positives Leben entsteht in der Regel nicht von selbst. Die Fähigkeit zu innerer Harmonie ist dem Menschen zwar angeboren, wer diese in seinem Leben erfahren und sein Leben aus einer höheren Warte leben will, muß jedoch sein Denken, Fühlen und Handeln umstellen.

Es gibt nur wenige wirklich grundlegende Lebensregeln, die für jeden Menschen gültig sind. Obwohl erst die Kenntnis dieser Regeln jedem ein positives Leben ermöglicht, werden diese leider in keinem Bereich unseres Erziehungs- und Bildungswesens gelehrt. Es ist daher die Aufgabe jedes einzelnen, sich selbst aktiv darum zu bemühen, diese Regeln zu erlernen. Sehr hilfreich ist es hierbei, sich einer Gruppe an seinem Wohnort anzuschließen, in der gemeinsam mit anderen Menschen die Methoden und Prinzipien der positiven Lebensgestaltung erarbeitet und trainiert werden. Regeln wie die nun folgenden können – regelmäßig besprochen – eine echte Hilfe zur Selbsthilfe bieten.

L = Liebe

Liebe alles das, was ist und deinen Nächsten wie dich selbst, nicht nur mit Worten, sondern auch in allen deinen Taten. Liebe ist die stärkste Kraft im Kosmos, und wenn du in jeder Lebenssituation mutig in der Liebe bleibst und ihr erlaubst, durch dich zu strömen, erfährst du die lindernden und heilenden Auswirkungen dieser segensreichsten Kraft des Universums in deinem Leben. Verstehe die Liebe als aktive Kraft, die – mutig eingesetzt – alle Schwierigkeiten überwindet. Behandle jeden anderen Menschen so, wie auch du behandelt werden möchtest. Segne deine Feinde und reinige so dein Herz von Haß und Leid. Alles, was du „aus Furcht vor etwas" tust, bringt dir Probleme, und alles, was du „aus Liebe zu etwas" tust, bringt dir Segen. Dies ist ein kosmisches Gesetz, welches auch du erfahren und anwenden kannst. Verbinde deine Liebe mit Güte, Nachsicht und Geduld, damit sie ihre volle Wirkung entfalten kann. Begreife deine Existenz als Teil des einen Lebens, welches untrennbar mit allem, was ist, verbunden ist. Liebe ist die Kraft, die diese Verbindung auf die höchstmögliche Stufe erhebt, und daher lebe sie in allem, was du tust.

E = Erkenne

Erkenne dich selbst und dein wahres Wesen. Du bist im Kern ein geistiges Wesen, und deine körperliche Existenz stellt nur einen kleinen, aber wichtigen Teil deiner Gesamtpersönlichkeit dar. Deine innere Wesenheit besteht, wie der Kern aller Erscheinungen der Materie und von allem, was ist, aus reiner schöpferischer Energie. Begreife dich selbst (genau wie jedes andere Lebewesen und die Erscheinungen der Natur) als eine Zelle im Körper Gottes. Genau wie jede Zelle in deinem Körper eine ganz bestimmte Aufgabe zu erfüllen hat, damit dein Körper gesund funktionieren kann, hast auch du, als Zelle im Körper unserer Welt, einen Auftrag zum Wohle aller zu erfüllen. Dieser Beitrag kann genau dort geleistet werden, wo du jetzt lebst. Erkenne, daß du nicht zum Selbstzweck hier bist, sondern als Werkzeug der Schöpfung zur Förderung und Weiterentwicklung unserer gemeinsamen Welt. Erkenne das segensreiche Gesetz des Gebens und gib gerne und ohne Erwartung einer Gegenleistung von dem, was du zu geben hast. Deine innere Zufriedenheit hängt davon ab, ob du bereit bist, deinen ganz persönlichen Beitrag zu leisten.

B = Bete

Bete täglich und erkenne damit die Existenz eines Schöpfers, eines höheren Bewußtseins, als du es bist, an. Lebe eine bewußte Partnerschaft mit der Kraft, von der du ein Teil bist und kläre deine ganz persönliche Beziehung zu Gott. Bitte aus der Tiefe deines Herzens darum, deine Aufgabe für die Welt zu erkennen und im Hinblick auf ihre Durchführung geführt, versorgt und geschützt zu sein, denn damit erlaubst du dem allumfassenden Überbewußtsein, seine segensreiche Wirkung in deinem Leben zu entfalten. Gehe hierzu in die Stille und stelle dein Gebet nicht zur Schau, denn der, zu dem du betest, ist in dir. Wende dich in deinem Gebet an die höchste Kraft im Universum, so wie du sie dir vorstellst und vertraue darauf, daß sie dich erhören und deine Bitten erfüllen wird. Wähle frei die dir zusagende Religion und bleibe in ihr, solange du dich in ihr geborgen fühlst, doch werde dir bewußt, daß alle Religionen in Wahrheit nur *einen* Gott verehren können. Überwinde die Trennungen und toleriere die Glaubensvorstellungen deines Nächsten. Erkenne, daß Gott Liebe ist und daher alle Schuldvorstellung vom Menschen stammt.

E = Erfahre

Erfahre, daß deine Gedanken eine mächtige, schöpferische Kraft sind, und daß die Inhalte deines eigenen Bewußtseins sich früher oder später in deinen Lebenserfahrungen niederschlagen. Meditiere regelmäßig auf die dir zusagende Weise und verbinde dich mit deinem Wesenskern, damit dein inneres Wissen und deine Lebensenergie frei zu dir und durch dich fließen können. Erlerne und trainiere das Positive Denken in jeder Lebenssituation, denn die innere Einstellung, mit der du den Ereignissen deines Lebens begegnest, entscheidet darüber, ob du ein negatives oder ein positives Leben hast. Verändere alle unbefriedigenden Lebensumstände in deinem Leben zum Positiven. Die Beachtung der folgenden sieben Punkte des POSITIV-Systems werden dir dabei helfen, wenn du sie richtig verstehst und sie im Auf und Ab deines Lebens anwendest. Du kannst jede deiner Erfahrungen auf zwei Wegen machen: auf dem Weg des Erkennens oder auf dem Weg des Leidens. Immer wenn du eine Erkenntnis nicht beachtest, beginnt der Leidensdruck. Frage dich daher bei jedem Leid: „Welche Erkenntnis ist hierin für mich verborgen?" Finde sie, und dein Leid endet!

P = Persönliche Verantwortung

Zu viele Menschen geben den Umständen die Schuld an ihrer Lebenssituation. Sie verbringen ihre Zeit damit zu erklären, warum andere Menschen sie daran hindern, positiver und harmonischer zu leben. Wenn du Meister in deinem Leben werden willst, dann übernimm in allem, was dich und deine eigenen Lebensumstände betrifft, die persönliche Verantwortung für das eigene Denken, Fühlen und Handeln. Gib niemals anderen Menschen oder Umständen die Schuld. Schuld lähmt den Menschen. Persönliche Verantwortung aktiviert ihn. Alles Positive ist dir möglich. Jede positive Lösung muß in deinem Innern ihren Anfang nehmen. Sieh immer dich selbst als den entscheidenden Faktor zur Auslösung einer positiven Veränderung an. Glaube unerschütterlich daran, daß du eine positive Lösung für jedes deiner Probleme findest. Diese innere Einstellung zieht unweigerlich alle nötigen Ideen und Möglichkeiten zur Verwirklichung in dein Leben. Wenn du sie erkennst, ergreife sie beherzt und realisiere sie, denn keiner kann mehr für dich tun als du!

O = Offene Kommunikation

Kommunikation ist *das* Verständigungsmittel der Menschen. Ein wirkliches, echtes Verstehen untereinander ist erst möglich, wenn die Kommunikation offen zum Ausdruck bringt, was die Beteiligten im Inneren denken und fühlen. Kläre deine inneren Gedanken und Gefühle, bringe dich in Gedanken in den Zustand der Liebe zu deinen Gesprächspartnern und betreibe in mutiger Liebe offene Kommunikation. Betone dabei, daß es dir darum geht, Trennendes zu überwinden und Gemeinsames zu schaffen. Vertraue darauf, daß es dir immer möglich ist, die Worte zu finden, die das wahre Wesen der anderen

Menschen erreichen. Sei nicht enttäuscht, wenn die Reaktion nicht sofort positiv ist, sondern sei sicher, daß der andere dich am Ende verstehen wird. Und noch etwas – sei ebenfalls offen für die Kommunikation mit deiner inneren Stimme. Sprich regelmäßig mit deinem inneren Selbst, denn dadurch erhältst du wertvolle Hinweise für deine täglichen Entscheidungen und steigerst deine Fähigkeit, positiv zu leben, um ein Vielfaches, allein durch Beachtung deiner Intuition, der Stimme deines höheren Selbst.

S = Sorgfältige Zielformulierung

Ein gemeinsames Ziel aller Menschen ist es, wahre innere Zufriedenheit und Harmonie zu erreichen. Dieser Zustand ist ein innerer Zustand und damit unabhängig von äußeren Umständen erreichbar. Konzentriere dich also nicht nur auf äußere Ziele, sondern behalte vor allem dieses höchste Ziel im Auge. Wenn du etwas in deinem Leben verändern willst, dann frage dich zuerst, welches von den möglichen Zielen am stärksten mit deinen tiefsten inneren Wünschen übereinstimmt. Wähle dann sehr sorgfältig eine Zielformulierung, die den erwünschten Endzustand im Sinne von „Es ist bereits erreicht“ beschreibt, denn diese aktiviert am sichersten die jedem Menschen innewohnenden kosmischen Verwirklichungskräfte. Beschäftige dich dann täglich intensiv mit deinem Ziel, freue dich darauf, daß es eintreten wird, und erwarte fest die Zielerreichung. Schalte alle Gedanken aus, die sich mit einem möglichen Mißerfolg beschäftigen. Wohin du deine Gedanken richtest, dahin fließt deine Lebensenergie, und daher denke und fühle dich so, als wärest du bereits am Ziel.

I = Imagination und Phantasie

sind die wichtigsten Werkzeuge deines Geistes, denn dein Unterbewußtsein versteht am leichtesten und sichersten die Bildsprache deines Vorstellungsvermögens. Es unterscheidet nicht zwischen einer tatsächlich erlebten Situation und einer eingebildeten Vorstellung. Die Inhalte deiner Phantasien werden von deinen inneren Kräften realisiert, wenn du sie lange genug festhältst. Säubere daher deine Phantasien von der Beschäftigung mit unerwünschten Erfahrungen und richte deine Imagination, deine gesteuerte Vorstellung in deinem Inneren auf das gewünschte Ziel. Inszeniere dir hierzu selbst einen 10-Sekunden-Kurzfilm, der die erwünschte Situation beschreibt oder bestätigt. Sieh dich vor deinem inneren Auge, wie du das, was du erleben möchtest, bereits tust. Betrachte dich in deiner Phantasie dabei, wie du etwas tust, was nur möglich ist, wenn dein Ziel erreicht ist, zum Beispiel, wie dir jemand, den du kennst, zu deinem Erfolg gratuliert. Diese Übung – eine Zeitlang mit Vertrauen täglich durchgeführt – wird Wunder in deinem Leben vollbringen.

T = Tatkraft und Ausdauer

sind in der Regel unerläßlich, obwohl Sofortergebnisse durchaus möglich sind und wir uns diese naturgemäß auch wünschen. Sei daher bereit und fest entschlossen, die Tatkraft für den nötigen ersten Schritt aufzubringen und die Ausdauer, so lange weiterzumachen, bis auch der entscheidende letzte Schritt zum Erfolg getan ist. Erfolg ist das, was sich als Folge unserer inneren und äußeren Aktivitäten ereignet, und Tatkraft und Ausdauer sind die grundlegenden Voraussetzungen auf diesem Weg. Sei dir dessen bewußt, daß du eine große Befriedigung aus dem bewußten Erleben des Weges gewinnen kannst, denn die Weisen aller Zeiten sagen „Der Weg ist das Ziel“. Liebe daher nicht nur den letzten Schritt, der zum Ziel führt, sondern auch jeden einzelnen Schritt auf dem Weg, denn gerade an die Zeiten, in denen du Schwierigkeiten erfolgreich überwunden hast, wirst du dich dein Leben lang oft und gerne erinnern. Laß dich niemals vom äußeren Schein beeindrucken, denn die Lösung kommt aus dem unsichtbaren Bereich des Geistes. Der endgültige Erfolg stellt sich oft erst nach einem größeren Rückschlag ein – jedoch nur für den, der aufsteht und weitergeht.

I = Im Jetzt leben

und sich nicht in der Vergangenheit oder Zukunft zu verlieren, ist eine Grundvoraussetzung, um positiv zu leben. Gestern ist vorbei und morgen ist ungewiß. Laß dich im *Jetzt* niemals von Leiden der Vergangenheit oder Sorgen und Befürchtungen vor der Zukunft niederdrükken. Dein Leben findet jetzt statt. Nie war es wichtiger für die Menschen als in der Informationsfülle von heute zu lernen, bewußt im Jetzt zu bleiben. Werde bewußt fähig, dich auf das Jetzt zu konzentrieren. Nur wenn du im Jetzt bist, kann dich deine innere Führung erreichen. Nur im Jetzt erhältst du „den goldenen Einfall“, der das Blatt zum Positiven wendet. Sei dir bewußt, daß das Jetzt der einzige Augenblick ist, in dem dein Leben tatsächlich stattfindet. Der einzige Moment, in dem du wirklich etwas tun kannst, ist jetzt. Ergreife das Jetzt. Nutze das Jetzt und fülle es mit sinnvollen Taten. Du bist nicht dazu geboren, dein Leben als Beobachter der Handlungen anderer Menschen zu verbringen. Leiste jetzt deinen eigenen Beitrag zur Verbesserung deiner Welt. Ergreife mit Freude das Jetzt deines Lebens!

V = Völliges Vertrauen

ist der letzte und wichtigste Faktor, der zu einem positiven Leben nötig ist. Vertrauen unterteilt sich in zwei Bereiche, nämlich „Gottvertrauen“ und „Selbstvertrauen“. Gottvertrauen (oder auch Urvertrauen) führt Lösungsmöglichkeiten in dein Leben, und Selbstvertrauen ermöglicht dir, dieses auch zu nutzen. Höre auf damit zu versuchen, deine Sicherheit aus äußeren Umständen herzuleiten. Lerne statt dessen, auf die in dir wohnenden, schöpferischen Kräfte zu vertrauen, die in der Lage sind, jede Lebenssituation ins Positive zu verwandeln. Sei bereit, auch einmal ein Risiko einzugehen. Leben bedeutet Wandel, nichts bleibt so, wie es ist. Alles, was heute ist, geht vorüber. Dies war schon zu allen Zeiten so. Bejahe diesen Zustand und vertraue darauf, daß sich alles zum Besten wenden wird, egal, wie es auch im Augenblick aussieht. Die besten Lösungen treffen oftmals erst im letzten Augenblick ein. Vertraue und wanke nicht. Wer vertrauen kann, dem wird geholfen! Glaube fest daran, daß auch du zu denen gehören kannst, die sagen können: *„Ich lebe positiv.“*

Zukunftsausblick

Dieser Leitfaden soll dir dabei helfen, dein Leben positiver zu gestalten. Er ist bewußt kurz und knapp gehalten, damit du jederzeit das Wesentliche für dich und deine Lebenssituation erkennen kannst. Werde dir deiner Einzigartigkeit im Universum bewußt. Es gibt keinen Menschen, der so ist wie du. Entscheide dich für ein positives Leben. Prüfe anhand dieses Leitfadens deine derzeitige Situation. Stelle fest, in welchem Bereich du dich noch verbessern kannst. Konzentriere dich dann auf den Punkt, der deine Entwicklung im Augenblick am stärksten behindert. Wenn du diesen Punkt gemeistert hast, nimm dir den nächsten vor. Diese Methode führt mit Sicherheit zum Erfolg, und du wirst zu den positiv lebenden Menschen gehören. Positives Leben ist eine wunderschöne Erfahrung, und du kannst es! Laß dir nicht einreden, daß es nicht möglich ist! Jedoch: Auch der längste Weg beginnt mit dem ersten Schritt. Gehe ihn darum *jetzt!*

Soweit der Leitfaden „Lebe positiv“. Er enthält einige Anregungen, die Ihnen helfen können, sich zu orientieren, Ihre Richtung zu bestimmen, die Sie zur positiven Veränderung Ihres Lebens einschlagen wollen.

Der nun folgende 3. Teil dieses Buches „Die Praxis des POSITIV-Systems“ kann Ihnen eine große Hilfe auf diesem Weg sein!

Teil 3
Die Praxis des POSITIV-Systems

Wie wir durch den gezielten Einsatz des POSITIV-Systems unser Leben positiv gestalten können

Wie Sie im Leitfaden „Lebe positiv“ lesen konnten, enthält ein positives Leben einige Elemente, die bisher in Ihrem Leben nicht vorhanden waren.

Wenn Sie nun den Wunsch haben, Ihr Leben positiv umzuwandeln und sich die von mir beschriebene Lebensweise oder eine von Ihnen persönlich erwünschte Lebenssituation praktisch zu erschaffen, kann Ihnen der nun folgende Text von Nutzen sein.

Er enthält wertvolle Hinweise zur Umsetzung der Theorie in die Praxis – zur Materialisierung Ihrer Wünsche, zur erfolgreichen Umsetzung Ihrer positiven Ideen in die Praxis Ihres Lebens.

Wenn wir uns auf den Weg begeben, unsere Schwächen zu überwinden und sie in Stärken zu verwandeln, kann es leicht geschehen, daß wir uns alleingelassen fühlen – daß wir uns Hilfe und Rat wünschen, wie wir uns in konkreten Situationen zu verhalten haben.

Der Weg, den wir zu gehen haben, ist von vielen Menschen zu gehen, aber er ist für jeden einzelnen Menschen, der ihn geht, ein einzigartiger Weg.

Andere Menschen können uns Mut machen, sie können uns Beistand leisten, aber sie können den Weg nicht für uns gehen. Dies müssen wir alleine tun. Wir müssen die Entscheidung treffen, welche Methoden wir einsetzen, ob wir aufgeben oder weitermachen, ob wir an unseren

Erfolg glauben, oder ob wir unser Vertrauen in die Zielerreichung aufgeben.

Nur wir selbst können entscheiden, ob wir weitergehen und wie wir weitergehen.

Das von mir entwickelte POSITIV-System ist als Leitlinie, als Richtschnur gedacht, auf die wir immer wieder zurückkommen können, wenn wir die Orientierung verloren haben. Sie hilft uns, mit System bis zum endgültigen Erfolg voranzugehen. Wenn Sie dieses Buch durchgearbeitet haben, werden Sie in der Lage sein, sich allein durch die Kenntnis der sieben Worte des POSITIV-Systems an die gegebenen Erklärungen und Erläuterungen zu erinnern.

Oftmals vergessen wir einfach das, was jetzt gerade richtig und wichtig wäre – und das POSITIV-System ist unter anderem auch eine Richtlinie für das gezielte Erinnern an das Wesentliche, wenn wir in einer Engpaßsituation stecken.

Sie konnten bereits aus dem Leitfaden „Lebe positiv" ersehen, wie das POSITIV-System aussieht, und welche Visionen ich mit den einzelnen Punkten verbinde. Aus Gründen der Sorgfalt möchte ich noch einmal die kurze Einführung zum POSITIV-System wiederholen, die ich in meinem Buch „Positives Denken gezielt einsetzen und sein Leben verändern – das POSITIV-System" gegeben habe.

Ein Gebäude kann nur sicher stehen, wenn auch das Fundament sicher ist. Nehmen wir uns also noch einmal die Grundlagen des POSITIV-Systems vor!

Wie sieht das POSITIV-System aus?

Das POSITIV-System besteht aus sieben Punkten. Diese Punkte basieren auf dem Wort POSITIV und umfassen alle wichtigen Bereiche, die zu beachten sind, wenn man Erfolg durch Positives Denken erreichen will.

Diese Punkte bauen nicht wie ein Stufenplan aufeinander auf, sondern greifen ineinander und sind miteinander verknüpft. Jeder Mensch praktiziert diese sieben Punkte bereits jetzt mehr oder weniger gut.

Sinn des POSITIV-Systems ist es, jedem, der wirklich an der praktischen Anwendung des Positiven Denkens im täglichen Leben interessiert ist, einen *Plan* an die Hand zu geben, nach dem er sich richten kann und an dem er eine Selbstkontrolle durchführen kann, wenn er Schwierigkeiten bei der Anwendung des Positiven Denkens hat. Denn hier liegt das Hauptproblem!

Bei der Fülle der täglich auf uns hereinstürzenden Ereignisse ist es oft gar nicht so einfach, sich intuitiv richtig zu verhalten und immer vom bereits verwirklichten Ziel her zu denken!

Häufig ist es so, daß wir in unseren Büchern nach Beispielen suchen, die genau auf unsere derzeitige Lage passen und uns den Schlüssel zur Lösung unserer augenblicklichen Lebenssituation geben sollen. Wenn wir diese Lösung nicht finden, stehen wir häufig da wie der „Ochs vor'm Berg“ und wissen nicht mehr weiter.

Das POSITIV-System ist ein unumstößliches Konzept, das uns immer auf unseren Schwachpunkt beim Positiven Denken zurückführt, um jene Bereiche zu erkennen, an denen wir ansetzen müssen. Die beigefügten Checklisten ermöglichen es, relativ schnell die Schwachpunkte des eigenen Verhaltens zu entdecken.

Das POSITIV-System wurde von mir in der Praxis meines eigenen Lebens sowie durch meine Arbeit als Berater und Seminarleiter entwickelt. Es ist ganz bewußt knapp gehalten und verzichtet auf ausführliche Hintergrundinformationen zu den genannten Methoden. Hierzu verweise ich nochmals auf die Lektüre hervorragender Fachbücher.

Sinn des POSITIV-Systems ist es, dem Anwender eine schnelle, unkomplizierte Hilfe bei der Überwindung von Schwierigkeiten auf dem Weg zum erfolgreichen Positiv-Denker zu sein. Es listet die Richtlinien für Positives Denken systematisch auf.

Nun noch eine Anmerkung zum Wort *Erfolg:*

Die Frage, was Erfolg für einen positiv denkenden Menschen eigentlich bedeutet, ist nicht allgemeingültig zu beantworten. Jeder Positiv-Denker wird eine andere Meinung dazu haben. Im Gegensatz zu anderen Lehren, die von ihren Anhängern Angepaßtheit verlangen, ist das Ziel des Positiven Denkens die ganz individuelle Persönlichkeitsentwicklung jedes einzelnen. Die einzige Gemeinsamkeit der positiv denkenden Menschen untereinander ist die angewandte Methode.

Wenn ein Mensch das Ziel hat, reich zu werden, so kann er dies mit dieser Methode ebenso erreichen, wie das Ziel gesund, harmonisch, schlank oder erfolgreich zu sein. Eine wesentliche Aufgabe des positiv denkenden

Menschen ist deshalb, sich über seine ganz persönlichen Ziele klar zu werden.

Es ist für einen außenstehenden Menschen nicht möglich, sofort zu erkennen, ob jemand ein erfolgreicher Positiv-Denker ist. Hierzu muß erst festgestellt werden, ob die persönlichen Lebensumstände desjenigen mit seinen ureigenen Wünschen und Vorstellungen übereinstimmen.
Denn das ist das Ziel des Positiven Denkens:

„Ein Leben zu führen, das mit den eigenen Wünschen und Vorstellungen übereinstimmt."

Das ist der entscheidende Maßstab für Erfolg durch Positives Denken. Daß hierzu noch ethische Grundlagen gehören, versteht sich von selbst.

Wie bereits gesagt, basiert das POSITIV-System auf den sieben Buchstaben des Wortes POSITIV. Das hat den Vorteil, daß man sich diese sieben Punkte sehr leicht merken kann.

Der Aufbau des POSITIV-Systems ist:

P = Persönliche Verantwortung

O = Offene Kommunikation

S = Sorgfältige Zielformulierung

I = Imagination und Phantasie

T = Tatkraft und Ausdauer

I = Im Jetzt leben

V = Völliges Vertrauen

Auf den ersten Blick haben nicht alle diese Punkte etwas mit dem Positiven Denken zu tun. Besonders die Bereiche „Persönliche Verantwortung“, „Offene Kommunikation“ sowie „Tatkraft und Ausdauer“ kommen in der hier dargestellten Form in der vorhandenen Literatur über positives Denken nur wenig zur Geltung. Ich habe jedoch die Erfahrung gemacht, daß diese Punkte von allen wirklich erfolgreichen Positiv-Denkern angewandt werden. Bevor Sie mit dem POSITIV-System arbeiten, möchte ich Ihnen noch einige Ratschläge geben:

Zuerst müssen Sie sich ganz klar darüber werden, was jeder dieser sieben Punkte im einzelnen bedeutet. Wenn Sie nicht genau verstehen, was im Hinblick auf das Positive Denken mit diesen Begriffen gemeint ist, kann es leicht zu falschen Interpretationen kommen. Das genaue Verständnis der Bedeutung dieser sieben Punkte ist die Voraussetzung, wenn Sie mit diesem System erfolgreich arbeiten und trainieren wollen. Für alle Menschen, die sich über das Selbststudium hinaus mit diesem System vertraut machen wollen, biete ich Kurse und Seminare zum POSITIV-System an. Sie finden in Bremen und nach Vereinbarung im gesamten deutschsprachigen Raum statt. Es empfiehlt sich, an einem solchen Grundseminar einmal teilzunehmen, wenn der Wunsch nach einer persönlichen Einführung in das POSITIV-System besteht.

Zum besseren Verständnis wird nachfolgend jeder einzelne Punkt des POSITIV-Systems kurz erläutert, bevor wir detailliert auf jeden der sieben Punkte eingehen.

Jeder, der heute Tennis spielen lernen möchte, ist gerne bereit, Unterrichtsstunden zu nehmen. Wenn es um die Umkehrung des Lebens in eine positive Gegenwart und

Zukunft durch Positives Denken geht, so sollte doch mindestens ein gleich großer persönlicher Einsatz erwartet werden können. Wenn Sie dieses Buch lesen und sich das POSITIV-System erarbeiten, zeigen Sie, daß Sie diese Bereitschaft, Ihren persönlichen Teil zu einer positiven Zukunft beizutragen, mitbringen.

Kurze Erläuterung der sieben Punkte

P = Persönliche Verantwortung

Begreifen Sie, daß die Ursachen für Ihre persönlichen Lebensumstände in Ihnen selbst liegen. Alle Kräfte, die nötig sind, um Ihr Leben zum Positiven zu wandeln, sind bereits in Ihnen vorhanden, daher ist es erforderlich, die Verantwortung für sich selbst zu übernehmen.

O = Offene Kommunikation

Achten Sie darauf, daß alles, was Sie sagen, mit Ihren Gedanken und Gefühlen übereinstimmt. Sie haben das Recht, alles auszusprechen, was mit Ihrem Innersten übereinstimmt. Wenn Sie negativ über einen anderen Menschen denken und versuchen, oberflächlich mit ihm auf „gut Wetter" zu machen, so wirken dennoch Ihre inneren Gedanken und Gefühle.

S = Sorgfältige Zielformulierung

Das Unterbewußtsein verwirklicht am leichtesten ein präzise formuliertes Ziel, so daß der Aufgabe der sorgfältigen Zielformulierung besondere Bedeutung zukommt. Ein Ziel muß immer von der bereits erreichten positiven Verwirklichung her formuliert werden.

I = Imagination und Phantasie

Sprechen Sie die Sprache Ihres Unterbewußtseins und betreiben Sie *täglich* Entspannung, Imagination und kreative Visualisierung. Sehen Sie sich in Ihrer Phantasie mit Hilfe Ihrer Vorstellungskraft bereits am Ziel, und alle Kräfte Ihres Geistes werden die erwünschten Umstände in Ihr Leben ziehen.

T = Tatkraft und Ausdauer

Wenn Sie etwas tun können, um Ihr Ziel zu erreichen, so beginnen Sie tatkräftig mit der Ausführung und beweisen Sie Ausdauer bei auftretenden Rückschlägen. Die meisten Menschen bringen nicht die Kraft auf, den ersten *und* den letzten Schritt zu tun, die zum Erfolg nötig sind.

I = Im Jetzt leben

Seien Sie sich dessen bewußt, daß der einzige Augenblick, der Ihr Leben wirksam verändern kann, das Jetzt ist. Konzentrieren Sie sich jetzt darauf, Positives Denken zu praktizieren. Ihr Leben ereignet sich im Jetzt.

V = Völliges Vertrauen

Glauben Sie fest daran, daß Ihr Geist über alle Fähigkeiten verfügt, die für ein positives Leben nötig sind. Vertrauen Sie völlig auf die Verwirklichung Ihrer Träume. Erwarten Sie das rechtzeitig eintretende Ergebnis in heiterer Gelassenheit.

Soweit die Einführung in das POSITIV-System. Sie wurde von mir vor einigen Jahren entwickelt und ist unverändert aktuell. Seitdem sind viele praktische Erkenntnisse hinzugekommen – teils durch meine eigenen Erfahrungen und teils durch das, was mir meine Seminarteilnehmer berichten konnten.

Wie man unter Berücksichtigung all dieser Erfahrungen konkret mit diesem System arbeitet, wollen wir uns nun im folgenden ansehen.

Die praktische Arbeit mit den einzelnen Punkten

Für die Praxis des POSITIV-Systems ist es wichtig, die unterschiedliche Bedeutung der einzelnen Punkte zu klären. Ich unterteile die sieben Punkte des POSITIV-Systems in drei Gruppen oder Blöcke, die unterschiedlich zu handhaben sind.

Diese Blöcke sehen wie folgt aus:

Gruppe 1:	**P**	= *Persönliche Verantwortung*
	O	= *Offene Kommunikation*
Gruppe 2:	**S**	= *Sorgfältige Zielformulierung*
	I	= *Imagination und Phantasie*
	T	= *Tatkraft und Ausdauer*
Gruppe 3:	**I**	= *Im Jetzt leben*
	V	= *Völliges Vertrauen*

Sie werden auch in dieser Gruppierung im folgenden vorgestellt und besprochen.

Warum sind die sieben Punkte in drei Gruppen eingeteilt?

Zu Gruppe 1:

„Persönliche Verantwortung" und „Offene Kommunikation" sind grundlegende Einstellungen und Verhaltensweisen, die jeder Mensch als Grundlage seines Lebens beachten sollte, da ein Verstoß gegen sie positive Lösungen in der Regel ausschließt.

Zu Gruppe 2:

„Sorgfältige Zielformulierung", „Imagination und Phantasie" sowie „Tatkraft und Ausdauer" sind die aktiv anzuwendenden drei Grundschritte zur gezielten Verursachung von positiven Veränderungen in allen aktuellen Problemsituationen und bei erwünschten Änderungen innerer Glaubenssätze und deren äußeren Auswirkungen.

Zu Gruppe 3:

„Im Jetzt leben" und „Völliges Vertrauen" sind die für jedermann unbedingt erforderlichen lebensbegleitenden Einstellungen für ein Leben, in dem das volle Potential des eigenen Wesens zum Ausdruck kommen soll. Sie sind immer zu beachten – sowohl dann, wenn bei der aktiven Arbeit an der positiven Lösung bestehender Schwierigkeiten Rückschläge oder „Gefühlstäler" auftreten, als auch dann, wenn in unserem Leben alles in Ordnung ist.

Dadurch, daß ich diese drei Gruppen gebildet habe, läßt sich das POSITIV-System leichter handhaben. Wir kommen schneller und sicherer auf den Kern unserer Probleme und erkennen schneller die nötigen Schritte zu ihrer Überwindung.

Ich erinnere Sie an dieser Stelle nochmals daran, daß dieses Buch Sie zum Handeln auffordert. Alles, was hier erläutert wird, erhält seinen persönlichen Wert für Sie nur dadurch, daß Sie entsprechend handeln!

Erwarten Sie jedoch bitte nicht, daß Ihnen jede einzelne Handlung vorgeschrieben wird. Das ist nicht meine Absicht. Entscheidend ist vielmehr, daß Sie angespornt werden, eine Handlungsfreude zu entwickeln, die Sie motiviert, selbst zu handeln.

Die meisten Menschen wünschen sich schematische Regeln, die ihnen ganz klar sagen, was sie in welcher Situation zu tun haben. Ich habe die Erfahrung gemacht, daß solche Regeln oft versagen, weil die Situation, in der wir sie einsetzen sollen, gar nicht in der erwarteten Weise eintritt.

Das Leben ist so vielfältig und kreativ, daß wir nur mit Methoden bestehen können, die im jeweiligen Augenblick spontan und flexibel entstehen und eingesetzt werden.

Ich habe die Erfahrung gemacht, daß unser Geist sicher in der Lage ist, in jeder brenzligen Situation eine Lösung zu liefern. Diese erkennen wir jedoch nur, wenn wir nicht zu sehr auf unsere Patentlösung fixiert sind. Diese Fixierung verstellt uns den Blick auf weitere, vielleicht sogar leichtere und sicherer zu realisierende Lösungen.

Erwarten Sie also keine Patentrezepte. Gehen Sie lieber davon aus, daß die Praxis des POSITIV-Systems zum Ziel hat, Ihnen einen Bezugsrahmen zu schaffen, in dem Sie Ihre ureigenste Kreativität frei entfalten können.

Die Hilfe, die Ihnen das POSITIV-Training bietet, besteht in erster Linie darin, ein solches Verständnis der Zusammenhänge zu entwickeln, daß Sie in der Lage sind, aus Ihrer eigenen Mitte heraus in jeder Situation erfolgreich zu handeln.

Das POSITIV-System soll Sie frei machen. Es soll Ihnen helfen, Ihre eigenen, persönlichen Stärken zu entfalten. Es hat nie zuvor einen Menschen auf der Welt gegeben, der so war wie Sie – und es wird auch künftig nie wieder eine mit Ihnen identische Persönlichkeit geben.

Erkennen Sie Ihre Einzigartigkeit im Universum! Lassen Sie nicht zu, daß Sie durch Methoden oder Systeme in Ihrer Einzigartigkeit eingeschränkt werden. Wählen Sie statt dessen solche Hilfen aus, die Sie bei der Entfaltung Ihrer einzigartigen Persönlichkeit unterstützen.

Das POSITIV-System geht von den sieben Bereichen aus, die jeden Menschen betreffen – unabhängig davon, wer er ist, wo er ist und was er ist. Diese sieben Bereiche werden so dargestellt, daß die Grundaussagen und -übereinstimmungen herausgearbeitet werden, die für alle Menschen – unabhängig von ihrer Individualität – zutreffend sind.

Es ist die Aufgabe jedes einzelnen, die hier angegebenen Grundprinzipien in sein Leben zu integrieren und sie mit seiner persönlichen „Farbe“ zu füllen.

Das Leben hat einen Anfang und ein Ende. Das steht fest. Was nicht feststeht, ist der Verlauf, also das, was wir selbst aus unserem Leben machen, wie wir mit ihm umgehen.

Der Sinn des Lebens ist das Leben selbst – ergreifen wir es, und machen wir es zu einem Erfolg. Die sieben Punkte des POSITIV-Systems können Ihnen hierbei eine Hilfe sein.

Nun wollen wir uns ausführlich mit der vollen Bedeutung der einzelnen Punkte beschäftigen.

Gruppe 1

Die beiden Punkte der Gruppe 1 regeln die grundlegenden Einstellungen, die wir für unser Denken und Handeln benötigen, wenn wir ein positives Leben führen wollen.

Ich bin davon überzeugt, daß allein das richtige Verständnis dieser beiden Punkte des POSITIV-Systems und die entsprechenden Handlungen, die diesem Verstehen zwangsläufig folgen werden, das eigene Leben bereits revolutionieren können.

Sehen wir uns die Punkte im einzelnen an:

P = Persönliche Verantwortung

Aufgrund der bereits geschilderten Gesetzmäßigkeiten des menschlichen Geistes kommt der Übernahme der persönlichen Verantwortung für das eigene Denken, Fühlen und Handeln eine zentrale Bedeutung bei der Lebensgestaltung zu.

Das Zusammenwirken unseres Tagesbewußtseins und unseres Unterbewußtseins ist so geregelt, daß unsere inneren Kräfte sich auf die Beurteilungen unseres Tagesbewußtseins verlassen.

Wenn wir fehlerhafte Informationen über unsere Lebenssituation nach innen geben – was durch unser Denken geschieht – , dann dürfen wir uns nicht wundern, wenn dies zu fehlerhaften Auswirkungen führt.

Wir sind die Schöpfer unserer Lebensumstände. Alles, was uns erfüllt, erfüllt sich früher oder später für uns. Unsere Gedanken steuern unser Leben, und alles wirkt von innen nach außen.

Die Aufgabe, die unserem Tagesbewußtsein zukommt, ist also, die eigene Lebenssituation richtig zu beurteilen und dem eigenen Unterbewußtsein und damit den inneren Kräften unserer Seele zutreffende Informationen als Wirkungsgrundlage zu geben.

Wenn wir zum Beispiel denken „Ich kann dieses Problem nicht lösen", so geben wir damit unserem Innern eine falsche Information. Tatsächlich ist unser gesamtes Wesen in der Lage, jedes Problem zu lösen. Sagen wir jedoch, daß wir es nicht lösen können, so legen wir damit unsere gesamten inneren und äußeren Lösungskräfte lahm.

Was meinen Sie: Würden Sie, wenn Sie davon überzeugt wären, daß Sie ein Problem nicht lösen können, trotzdem voller Handlungsfreude mit Elan an die Aktivitäten zur Lösung gehen?

Sicher nicht! Ihr gesamter Organismus würde sich gegen jede zielgerichtete Aktivität zur Lösung auflehnen, weil Sie die Information „Das Problem ist unlösbar!" nach innen gegeben haben.

Die persönliche Verantwortung für die eigenen Gedanken und Bewertungen zu übernehmen, ist also von fundamentaler Bedeutung. Im einzelnen bedeutet das, daß Sie sich nicht kritiklos und ungeprüft den allgemein herrschenden Vorstellungen von „Das geht" und „Das geht nicht" unterordnen dürfen!

Machen Sie sich klar, daß Sie selbst diese Lösungen durch Ihren offenen, auf Lösungen ausgerichteten Geist erst ermöglichen!

Sogenannte „realistische Denker" gehen immer nur von dem aus, was schon einmal gelungen ist. Wenn ein Problem auftaucht, prüfen sie zuerst, ob sie schon einmal erlebt haben, daß jemand dieses Problem lösen konnte. Ist dies nicht der Fall, so glauben sie fest daran, daß dieses Problem nicht zu lösen ist!

Von solchen Menschen sollten Sie sich niemals beeinflussen lassen! Suchen Sie immer den Kontakt zu Menschen, die Möglichkeitsdenker sind. Sie kennen den Weg, der zur Lösung führt, vielleicht nicht, aber sie glauben, daß es ihn gibt und daß sie ihn finden werden! Und sie finden ihn!

„Euch geschehe nach Eurem Glauben!"

Das bedeutet, daß es nicht unwichtig ist, was wir glauben. Es ist sogar sehr entscheidend für unseren Lebenslauf.

Persönliche Verantwortung zu übernehmen bedeutet, niemals einem anderen Menschen die Schuld dafür zu geben, daß es uns schlecht geht. Oder, was noch schlimmer ist, einem anderen dafür die Verantwortung zu übertragen, daß wir ein Problem haben, welches unserer Meinung nach nicht zu lösen ist!

Wer so denkt und handelt, der beraubt sich der natürlichen Selbstheilungskräfte seines Geistes. Wer nicht glaubt, daß er eine Lösung finden könnte, der findet auch keine. Wer aber glaubt, daß es eine gibt, der muß sie finden, und wenn es sein halbes Leben dauern sollte!

An dieser Stelle möchte ich einmal etwas zu dem Zeitbedarf von Lösungen sagen. Wir sind alle hellauf begeistert, wenn eine bedrückende Schwierigkeit sich im

Handumdrehen auflösen läßt. Viele Menschen glauben sogar, daß ein Positiv-Denker jederzeit in der Lage sein müßte, Probleme kurzfristig zu lösen.

Dies ist ein weitverbreiteter Irrtum!

Ein Positiv-Denker erreicht *letztendlich* die Lösung! Das heißt, er gibt nicht auf, bevor er eine befriedigende Lösung gefunden hat. Er setzt all seine geistig-seelischen und körperlichen Kräfte ein, um die Lösung zu finden – und wenn andere den Glauben an sich selbst und an ihn schon längst aufgegeben haben, dann findet er sie!

Wir sind eine „Instant-Gesellschaft" geworden, die glaubt, es müsse ein Patentrezept für jede Situation geben: ein Löffel voll, einmal umrühren und schon ist die Lösung da. So ist es jedoch nicht, und so kann es auch gar nicht sein.

Wenn wir alles das, was wir über die Entstehung und Wirkung von Glaubenssätzen erfahren haben, berücksichtigen, dann ist es ganz logisch, daß es nicht möglich ist, an der Oberfläche zu bleiben und „mal eben" eine positive Lösung herbeizuzaubern.

Hartnäckige Probleme müssen kraftvoll aktiv im Denken und Handeln bearbeitet werden und zwar so lange, bis die Lösung eingetreten ist. Dies kann länger dauern, und es kann, da wir gleichzeitig auch gegen unsere eigenen inneren Programme handeln, sehr schmerzhaft sein. Wir müssen jedoch die persönliche Verantwortung dafür übernehmen, so lange weiterzumachen, bis die Lösung eintritt – dies wird niemand anders für uns tun.

Niemand kann mehr für Sie tun als Sie selbst. Keiner hat soviel Interesse an Ihrem Wohlergehen wie Sie selbst!

Psychologen haben erforscht, daß der Mensch in der Regel zuerst sich selbst und seine eigenen Probleme wahrnimmt. Er umkreist in seinem Denken pausenlos seine persönlichen Angelegenheiten. Er befindet sich in seinem sogenannten egozentrischen Dilemma.

Wenn wir einen anderen Menschen zu unserer Situation befragen, so müssen wir uns darüber klar sein, daß er uns nur durch sein Gemüt, durch sein Glaubenssatzsystem antworten kann. Wenn er glaubt, daß man eine Situation meistern kann, dann gibt er auch den entsprechenden Kommentar. Glaubt er nicht, daß es eine Lösung gibt, so wird er dies von sich geben.

Entscheidend für Sie ist jedoch nicht, was ein anderer glaubt, sondern das, was Sie selbst glauben! Niemand anders ist in der Lage, Ihre Arbeit zu tun. Nur Sie selbst können die Entscheidungen treffen, die nötig sind, um Ihr Leben in positive Gleise zu bringen.

Sie selbst entscheiden darüber, was für ein Leben Sie haben, und Sie dürfen es sich leicht und angenehm machen! Falsche Ansichten über das Leben wirken nur für Sie, wenn Sie es ihnen erlauben, in Ihrem Inneren zu wohnen. Sehen Sie die Welt mit klarem Blick, erkennen Sie, daß wir in einer Welt leben, die demjenigen alle Möglichkeiten offenläßt, der an sie glaubt, dann werden Sie Ihren eigenen unbegrenzten Weg gehen.

Viele Menschen haben Probleme damit, ihren eigenen Instinkten zu vertrauen. Ihre Intuition, die Stimme Ihrer Seele in Ihnen, ist Ihr wichtigster Verbündeter bei der Schaffung von Lebensumständen, die wirklich zu Ihnen passen. Vertrauen Sie sich selbst. Das kann keiner für Sie tun. Lernen Sie, eine Freude an sich selbst zu empfinden. Lernen Sie, Ihre Einzigartigkeit zu bejahen und zu genießen. Lernen Sie, sich selbst zu mögen, und verlassen Sie den Kreislauf des Vergleichens von Menschen.

Ein Mensch ist ein einzigartiges Wesen. Jeder Mensch ist schon vom Äußeren her nicht mit einem anderen zu verwechseln. Sogar eineiige Zwillinge haben nachweisbar Identifikationsmerkmale, die sie unterscheiden. Sie sind also Besitzer eines einzigartigen Körpers.

Aber wenn Sie sich einmal bewußtmachen, daß die Psyche der Menschen noch um ein Vielfaches mehr differenziert ist als der physische Körper, dann sollten Sie die Entscheidung treffen, das Vergleichs- und Bewertungskarussell zu verlassen!

Lassen Sie es nicht mehr zu, daß jemand Sie bewertet oder vergleicht, und unterlassen Sie selbst die Pauschalurteile über andere Menschen.

Aussagen wie „Er ist so ein Typ von der Sorte meines Schwagers" oder „Sie ist so ein Typ wie meine Tante" sind Pauschalurteile, die niemals zutreffen können.

Sie sind nicht die Ausgabe 23 derselben Sorte wie Ihre Vorfahren oder Verwandten. Sie sind einmalig, einzigartig auf der Welt und im Universum – und Sie sollten die persönliche Verantwortung dafür übernehmen, dies zu erkennen und danach zu handeln!

Wenn Sie sich als einmalig begreifen, dann werden Sie keine Probleme mehr damit haben, daß Sie in irgendeinem Lebensbereich „besser" oder „schlechter" sind als jemand anders.

Sie sind einfach Sie selbst! Nicht mehr und nicht weniger. Und dasselbe gestehen Sie auch anderen zu!

Wenn Sie dies tun und entsprechend leben, dann haben Sie bereits einen Großteil Ihrer Probleme gelöst. Sie brauchen sich nicht mehr zu rechtfertigen, wenn jemand Sie bewertet. Sie brauchen nicht mehr so zu sein, wie Sie sein müßten, wenn Sie so ein Typ wären wie...!

Persönliche Verantwortung dafür zu übernehmen, sich selbst und das eigene Leben als einzigartiges, unvergleichbares Erlebnis zu erkennen, macht frei und motiviert für positive große Taten.

Jeder Mensch ist einzigartig, das einzige, was uns alle gleichermaßen verbindet, ist unsere Herkunft und unsere Existenz als Teil der Schöpfung!

Jeder Mensch hat einen einzigartigen Platz im großen Plan der Weltentwicklung. Großer Schaden wird dadurch angerichtet, daß Menschen das Leben leben, was andere für sie ausgewählt haben und für richtig halten.

Andere können Ratschläge geben, doch entscheiden müssen wir uns in jedem Fall selbst. Und die persönliche Verantwortung für unsere Entscheidungen tragen nur wir – niemand sonst.

Unser heutiges Leben ist die Summe der Entscheidungen, die wir in der Vergangenheit getroffen haben. Unser zukünftiges Leben wird die Summe der Entscheidungen sein, die wir jetzt und in jedem weiteren Augenblick unseres Lebens treffen.

Wenn wir heute das Gefühl haben, daß uns andere Menschen schlecht behandeln, dann sollten wir erkennen, daß wir es ihnen erlaubt haben, uns schlecht zu behandeln!

Wir lehren andere Menschen, wie man uns behandeln darf. Lassen wir es zu, daß wir schlecht behandelt werden, so geben wir damit die Information: „Es ist für mich in Ordnung, so behandelt zu werden!“

Wenn wir als Folge davon jedoch klagen, daß wir kein positives Leben führen können, weil andere Menschen uns so schlecht behandeln, dann zäumen wir das Pferd von hinten auf.

Menschen handeln am Beginn einer neuen Beziehung immer zuerst so, wie sie glauben, daß es in ihrem Interesse ist. Wenn wir so leben, daß wir uns jeweils ohne eigenen Willen auf die Handlungen anderer einstellen, dann kann man nicht von einem freien und selbstbestimmten Leben sprechen, dann werden wir gelebt. Wir sind dann die Folge der Lebensweise anderer.

Der Punkt „Persönliche Verantwortung“ soll in erster Linie ein Appell sein, sich vollständig der eigenen Macht bewußt zu werden, seine Lebensumstände selbst schaffen zu können.

Wir taten es auch bisher schon, wir waren uns dessen vielleicht nur nicht bewußt. Nun, da wir es sind, können wir darangehen, unsere Entscheidungen neu zu überdenken und sie gegebenenfalls zu revidieren.

Sie haben das Recht, sich Ihr Leben völlig neu zu denken! Sie dürfen sich in jedem Augenblick Ihres Lebens neu entscheiden, ob Sie so weiterleben wollen wie bisher oder nicht.

Es ist das höchste Recht jedes Menschen, so zu leben, wie es ihm gefällt, solange er das Recht eines anderen, dasselbe zu tun, respektiert und beachtet.

Wir dürfen nicht warten, bis ein anderer Mensch unser Leben so umorganisiert, daß es uns gefällt – wir müssen selbst die Verantwortung dafür übernehmen, unsere Lebensumstände so zu verändern, daß wir glücklich sind.

Erlauben Sie sich, Ihr Leben freudig zu leben. Die Welt ist ebenso ein Ort der Freude, wie sie ein Ort des Leides ist. Sie haben die Wahl zu bestimmen, was für ein Leben Sie führen wollen.

Alles ist möglich – dem, der es für möglich hält. Sie sind der Baumeister Ihres Lebens. Geben Sie sich nicht mit weniger als dem vollen Selbstausdruck Ihrer Persönlichkeit zufrieden.

Andere Menschen können Sie nicht aufhalten, es sei denn, Sie erlauben es ihnen. Ihre persönliche Verantwortung liegt insbesondere darin, Ihr eigenes Denken, Fühlen und Handeln so zu gestalten, daß nur erwünschte Folgen hieraus entstehen können!

Übungen in der persönlichen Verantwortung können sein:

Jedesmal, wenn Sie denken oder sagen: „Ich bin das Opfer der Handlungsweise eines anderen Menschen", sollten Sie diesen Gedanken bewußt umdrehen: „Ich habe es dem anderen Menschen bisher erlaubt, in dieser Weise in mein Leben einzugreifen, aber ab jetzt erlaube ich es ihm nicht mehr!"

Treffen Sie die Entscheidung, sich jetzt anders zu verhalten als bisher. Unterlassen Sie jegliche Vorwürfe gegen sich selbst oder gegen andere für deren Fehler in der Vergangenheit. Jetzt machen Sie es richtig – alles andere ist völlig unwichtig!

Das Leben ist ein ständiger Prozeß des Wandels, ein ständiges Werden und Vergehen. Lassen Sie die Vergangenheit ruhen. Lassen Sie die negativen Erfahrungen der Vergangenheit los und konzentrieren Sie all Ihr Denken, Fühlen und Handeln in der Gegenwart auf das, was Sie Ihren erwünschten Lebensumständen näher bringt.

O = Offene Kommunikation

Die „Offene Kommunikation" als zweites Grundelement der positiven Lebenspraxis ist die Grundvoraussetzung für das positive Zusammenwirken mit unserer Umwelt.

Genauso wie jeder Mensch einzigartig ist, genauso ist auch jeder Mensch untrennbar mit dem Rest der Schöpfung verbunden. In unserer Individualität sind wir alle darauf angewiesen, gemeinsam mit anderen unser Leben zu führen und in Kommunikation mit anderen Menschen unsere Realität zu gestalten.

Diese beiden Faktoren richtig auszubalancieren, stellt einen Teil der Lebenskunst dar, die wir erlernen wollen.

Wenn Sie ein positives Leben führen wollen, dann müssen Sie bereit sein, eine offene Kommunikation mit der Welt zu pflegen. Alle großen Werke der Menschheitsgeschichte sind durch „Liebe und Zusammenarbeit" aufgebaut worden.

Zusammenarbeit mit Gleichgesinnten, das gemeinsame Wirken mit anderen Menschen, die zur Zielerreichung ihre Einzigartigkeit beisteuern, ist ein Grundelement des Lebens.

Sie sollten lernen, Ihre Scheu vor den Menschen abzulegen. Der Mensch ist vom Grunde seines Wesens her gut – und er ist offen für Sie, wenn Sie offen für ihn sind!

Lernen Sie, über alles, was Sie betrifft, offene Kommunikation zu betreiben. Gehen Sie auf die Menschen zu in der sicheren Erwartung, daß Sie einen oder mehrere Menschen finden werden, die daran interessiert sind, mit Ihnen zusammenzuarbeiten oder Ihren Wunsch, was es auch immer sei, zu erfüllen.

Jeder Wunsch, der in Ihnen wohnt, hat bereits alle Voraussetzungen zu seiner Verwirklichung in sich. Wenn Sie hierzu – was fast immer der Fall ist – andere Menschen benötigen, dann betreiben Sie vertrauensvoll offene Kommunikation!

Sie haben bei Ihrer Geburt einige Werkzeuge mitbekommen, die Ihnen helfen, Ihre Ziele zu erreichen. Das wichtigste Werkzeug ist Ihre Kommunikationsfähigkeit. Wenn Sie sich weigern, diese einzusetzen, dann dürfen Sie sich nicht wundern, wenn Sie nicht richtig vorankommen.

Setzen Sie Ihre Kommunikationswerkzeuge ein. Gehen Sie auf die Menschen zu! Sprechen Sie sie gezielt an! Argumentieren Sie mit ihnen, überzeugen Sie sie von Ihren Ideen! Alle Ihre Bedürfnisse sind erfüllbar, wenn Sie alle Ihre Gaben einsetzen.

Ihre Art zu kommunizieren, bestimmt Ihre Lebenserfahrungen ganz wesentlich. Was Sie aussenden, kommt zu Ihnen zurück. Die Art, wie andere mit Ihnen kommunizieren, ist oft ein Spiegel dafür, wie Sie selbst mit anderen umgehen. Achten Sie einmal darauf, ob Sie nicht genau das, was Sie sich von anderen Menschen wünschen, selbst auch nicht bereit sind zu geben. Es könnte sein, daß hier ein Schlüssel für Ihre Probleme liegt.

Die goldene Regel, die besagt „Das, was Du von anderen wünschst, das tue Du ihnen zuerst“, ist ein wahres Zaubermittel.

Wenn Sie mehr gelobt werden möchten, dann beginnen Sie damit, andere mehr zu loben.

Wenn Sie mehr Unterstützung von anderen bei der Erreichung Ihrer Ziele wünschen, dann unterstützen Sie auch von sich aus andere bei der Erreichung ihrer Ziele.

Wenn Sie sich mehr Liebe und Zuneigung von anderen Menschen wünschen, dann beginnen Sie ab sofort damit, anderen mehr Liebe und Zuneigung zu geben.

So einfach ist es, das Gesetz der Vergeltung in Gang zu bringen. Es ist ein universales Gesetz, und es wirkt, wenn man es anwendet.

Lernen Sie auch, positiv egoistisch zu kommunizieren. Es heißt ja immer, wir sollten nicht egoistisch sein. Ich glaube, daß hier auch ein Unterdrückungsmechanismus am Werke ist. Menschen, die mir in meinem Leben Egoismus vorgeworfen haben, meinten im Grunde immer: „Ich möchte nicht, daß Du das tust, was Dir gefällt, sondern ich möchte, daß Du das tust, was mir gefällt!“

Dies zu durchschauen, ist auch eine Aufgabe jedes einzelnen. Die Menschen sind in der Regel so geartet, daß sie von sich ausgehend die Welt bewerten. So ist das, und das sollten wir wissen.

Positiv egoistisch zu kommunizieren, was meine ich damit?

Nun, stellen Sie sich einmal vor, Sie haben einen Nachbarn, der sich gerne mit anderen streitet. Jedesmal, wenn ihm wieder danach ist, bricht er einen Streit mit Ihnen vom Zaun. Er ist streitlustig, das heißt, wenn Sie mit ihm streiten, wird sein Egoismus befriedigt. Sie selbst ärgern sich, er dagegen ist zufrieden.

Wenn ich davon ausgehe, daß Sie im Grunde mehr Freude an einem freundlichen Gespräch haben und daß es für Sie ein Herzenswunsch ist, möglichst nur noch positive Gespräche mit anderen zu führen, so könnten Sie sich entscheiden, ab sofort mit Ihrem Nachbarn und mit jedem, der mit Ihnen streiten will, positiv und freundlich zu reden.

Sie haben sich entschieden, positiv zu leben, und diese Entscheidung ziehen Sie durch – es gibt keinen Menschen auf der ganzen Welt, der Sie daran hindern kann, wenn Sie es ihm nicht erlauben. Sie müssen allerdings damit leben können, daß man Ihnen nachsagt, daß Sie immer nur an sich denken würden. Wer gerne streitet, der findet es egoistisch, wenn ein anderer sich weigert, mitzustreiten.

Viele Menschen kommunizieren in der Weise, daß sie, wenn sie jemanden treffen, erst einmal prüfen, ob ihr Gegenüber guter oder schlechter Laune ist. Ist er guter Laune, so sind sie es auch, ist er schlechter Laune, passen sie sich an.

Dies läuft in der Regel unbewußt ab, doch ich möchte es Ihnen an dieser Stelle bewußtmachen.

Da wir in einer Gesellschaft leben, die auf den Mangel fixiert ist, müssen wir davon ausgehen, daß die Mehrzahl der Menschen, mit denen wir in Kontakt kommen, gerade mit Sorgen und Problemen beschäftigt ist.

Wenn wir nun so durchs Leben gehen daß wir uns schwingungsmäßig auf die anderen einstellen, dann werden wir in der Regel erleben, daß wir demotiviert werden. Wir sollten daher die Entscheidung treffen, uns in jedem Falle unsere eigene Schwingung zu machen und lieber den Kontakt zu demjenigen abbrechen, als uns auf seine Ebene zu begeben.

Bewußt zu kommunizieren, heißt also auch, sich selbst bewußt zu entscheiden, welche Gedanken- und Gefühlsschwingung wir zulassen wollen, und diese in uns zu kultivieren, ganz unabhängig davon, wie sich die anderen verhalten.

Wenn wir von „Offener Kommunikation" sprechen, dann geht es nicht nur darum, selbst offen auf andere zuzugehen, sondern auch umgekehrt offen für die Kommunikation der anderen mit uns zu sein.

Oftmals sind wir so in unserem eigenen egozentrischen Dilemma gefangen, daß wir die positiven Ansätze der anderen gar nicht bemerken, die bereit sind, uns zu helfen. Wir sind gar nicht offen für das Gute, das zu uns gelangen will.

Offen zu sein für die Kommunikation der anderen mit uns, bedeutet nicht, daß wir uns um der anderen willen aufgeben. Es heißt, daß wir unsere eigene Einstellung haben und in unserer eigenen Schwingung offen sind für die Ausstrahlung anderer.

Ich erlebe es oft, daß mich jemand in einer festgefahrenen Situation um Rat fragt. Häufig vereinbaren wir einen Beratungstermin. Es kommt nicht selten vor, daß ich, der ich gerufen wurde, um dem anderen mit positiven Ratschlägen zur Seite zu stehen, mir statt dessen seine Überzeugungen anhören muß, warum es nicht geht und daß es keine Lösung geben kann.

Wenn wir so an die Kommunikation mit den anderen gehen, kann die ganze Welt uns nicht helfen. Wenn wir schon selbst nicht wissen, was wir tun sollen, dann sollten wir zumindest offen sein für die Ideen und Anregungen der anderen für eine positive Lösung.

Aber auch in diesem Falle spielt das Glaubenssatzsystem des Betreffenden wieder die Hauptrolle: Ist er zutiefst davon überzeugt, daß es keine Lösung gibt, so führt das zu Zwangshandlungen, die jede Annäherung der Lösung an ihn abblocken muß! So etwas nennt man dann „Erfolgserlebnis" für das eigene Unterbewußtsein. Es hat erfolgreich einen Glaubenssatz verteidigt.

Ich spreche die Glaubenssätze an dieser Stelle bewußt noch einmal deutlich an, weil diese sich insbesondere in der Kommunikation mit anderen Menschen fördernd oder hinderlich bemerkbar machen.

Ein Beispiel: Eine Frau um die 40 sucht einen Partner. Sie glaubt, daß alle „guten" Männer schon verheiratet sind (Glaubenssatz). Jedesmal, wenn sie einen Mann kennenlernt, den sie interessant findet, ist er verheiratet. Wenn sie jedoch einen Mann trifft, der nicht verheiratet ist, kann sie sich ihm wiederum nicht nähern, weil er, wenn er ein „guter" Mann wäre, ihrem Glaubenssatz nach verheiratet sein müßte, also kann irgend etwas mit ihm nicht stimmen. Dementsprechend zieht sie sich von ihm zurück.

So läuft die Kommunikation nach unseren Glaubenssätzen ab. Die meisten Diskussionen werden nicht über die Wahrheit geführt, sondern über die verschiedenen

Vorstellungen der Beteiligten über die Wahrheit. Streitgespräche bis hin zum Mord basieren oftmals auf der erbitterten Verteidigung der eigenen Überzeugungen, ganz unabhängig davon, ob sie tatsächlich wahr sind oder nicht.

Wenn wir es genau nehmen – und das sollten wir als bewußt lebender Mensch tun – so gibt es „die Wahrheit" gar nicht. Es gibt immer nur die eigene Wahrheit und die Wahrheit des anderen. Die eigene Auffassung davon, was wahr ist, wird durch das Glaubenssatzsystem des Betreffenden bestimmt.

Der Mensch kann buchstäblich alles für wahr halten. Es gibt die unterschiedlichsten Auffassungen von Wahrheit, und ich bin sicher, daß es so gewollt ist. Nicht die alleinige Wahrheit herauszufinden ist das Ziel, sondern daß wir es lernen, uns in offener, positiver Gelassenheit über die unterschiedlichen Vorstellungen der Wahrheit auszutauschen.

Wenn wir bereit sind, unsere Verteidigungskämpfe aufzugeben, wenn wir es ertragen können, daß ein anderer, dem wir gerade eine unserer wichtigsten Wahrheiten erläutert haben, zu uns sagt: Meine Wahrheit ist aber trotzdem anders! Wenn wir dies leben können, ohne Kommunikationszerstörung oder -abbruch zu betreiben, dann sind wir nahe an der offenen Kommunikation.

Offene Kommunikation bedeutet auch, daß wir offen bleiben für das, was aufgrund unserer ausgesandten Kommunikation zu uns zurückkommt. Viele Situationen werden deshalb so schwierig, weil wir etwas aussenden und fest erwarten, daß etwas ganz Bestimmtes darauf erfolgt. Ist dies nicht der Fall, haben wir ein großes Problem.

Lernen Sie beizeiten, sich damit anzufreunden, daß wir niemals im voraus wissen können, was zurückkommt, wenn wir etwas aussenden. Wir können etwas Bestimmtes wünschen, aber erwarten können wir es nicht.

Viele Menschen sind von anderen enttäuscht. Sie sollten sich bewußtmachen, daß „Enttäuschung" ein Wort mit doppeltem Boden ist. Wer enttäuscht wurde, erlebte gerade das Ende seiner Täuschung.

Wenn Sie von jemandem *ent*-täuscht sind, so bedeutet dies im Grunde, daß Sie sich in dieser Person oder ihrem zu erwartenden Verhalten *ge*-täuscht haben. Enttäuschung ist also immer das Ergebnis einer falschen Erwartungshaltung gegenüber einem Mitmenschen.

Offene Kommunikation muß beinhalten, daß wir bereit sind, enttäuscht zu werden. Oft erhalten wir dafür etwas viel Besseres, als wir erhalten hätten, wenn wir uns nicht getäuscht hätten. Keine Enttäuschung ist negativ. Jedesmal ist es eine Rückkehr der Klarheit. Es ist wieder Licht vorhanden, und wir können die wahrhaftige Situation beleuchten.

Wenn wir die Offenheit unserer Kommunikation vollkommen machen wollen, so sollten wir lernen, unsere inneren Sinne zu schulen – offen zu sein für die Kommunikation mit der Intuition, unserer inneren Stimme. Wir verfügen über äußere und innere Kommunikationssinne, und wir sollten lernen, beide einzusetzen.

Ein Beispiel:

Wir sitzen in unserem Büro, und die Tür geht auf. Es kommt jemand herein, der uns sehr freundlich anschaut, sehr höflich spricht und uns etwas verkaufen möchte.

Alles sieht eigentlich ganz gut aus, aber irgendwie fühlen wir uns unwohl. Unsere innere Stimme sagt uns: „Vorsicht!" Wir haben das ganz eindeutige Gefühl, gewarnt zu werden.

Dies ist ein Beispiel für die innere Stimme, für die Kommunikation unserer Seele mit uns. Sie verfügt über ein breites Spektrum von Informationsquellen, die unsere äußeren Sinne nicht anzapfen können.

Es ist beispielsweise so, daß alle Menschen mit einem gemeinsamen kollektiven Unterbewußtsein miteinander verbunden sind – und daß die Inhalte des Unterbewußtseins eines anderen von meinem Unterbewußtsein angezapft werden können. Führt der andere Böses im Schilde, so kann es sein, daß sich meine äußeren Sinne täuschen lassen, aber mein Unterbewußtsein, welches praktisch Zugang zu seinen wahren Motiven hat, erkennt die böse Absicht und warnt mich.

Ich möchte natürlich nicht verschweigen, daß so manche innere Warnung nur dadurch zustande kommt, daß wir Glaubenssätze in uns haben, die uns signalisieren, daß wir uns in einer Gefahr befinden. Eine Klärung der eigenen Glaubenssätze ist also unerläßlich, wenn wir eine klare Führung anstreben.

Offene Kommunikation sollte unbedingt auch die Informationen unseres Inneren berücksichtigen, da uns diese zusätzlich zu den äußeren Daten zur Verfügung stehen. Ein plötzlicher Geistesblitz, eine plötzliche Idee, die zur Lösung führen könnte, eine stille, leise, aber deutliche innere Wahrnehmung – die der Schlüssel für die Lösung eines äußeren Problems sein kann –, sind ebenso bei unserer Kommunikation zu berücksichtigen.

Auch hier muß man wieder folgendes wissen: Wenn wir nicht glauben, daß uns Informationen von innen zukommen können, so kommen sie uns nicht zu!

Das Innere nimmt auf unsere Vorstellungen Rücksicht!

Zur Offenen Kommunikation gehört auch Mut und Vertrauen. Die meisten unserer Kommunikationen unterdrücken wir, weil wir kein Vertrauen in uns oder in die anderen Menschen aufbringen können.

Handlungsvorschläge sollten sich daher darauf richten, gezielt positive Erfahrungen mit Kommunikation in solchen Situationen zu sammeln, in denen wir uns bisher nicht getraut haben, dies zu tun.

Es heißt: „Wo Deine Angst ist, da ist Deine Aufgabe!“

In bezug auf „Offene Kommunikation“ bedeutet dies, daß wir wirksame Erfahrungen nur dann machen können, wenn wir mit den Menschen in Kommunikation treten, vor denen wir uns bisher aus Scheu zurückgezogen haben.

Angst überwindet man am sichersten dadurch, daß man so oft wie möglich in Kontakt mit dem angstauslösenden Objekt kommt.

Gruppe 2

Die drei Punkte der Gruppe 2 sind die konkreten Schritte zur gezielten Veränderung unerwünschter Lebensumstände. Sie sind ebenfalls die Anleitung zur praktischen Erreichung jedes Zieles, welches wir uns vornehmen können. Sie beinhalten die Praxis des Positiven Denkens, Fühlens und Handelns.

Wenn Sie diese Hinweise, die ich Ihnen im folgenden gebe, einhalten, ist Ihr Erfolg mit großer Sicherheit gewährleistet.

Die drei Punkte „Sorgfältige Zielformulierung", „Imagination und Phantasie" und „Tatkraft und Ausdauer" umfassen alle Methoden und Techniken, die die Lehre des Positiven Denkens ausmachen.

Im folgenden sind daher alle die Übungen und Handlungsanweisungen enthalten, die Sie kennen sollten, wenn Sie konkrete Veränderungen in Ihrem Leben erreichen wollen.

Gehen wir nun also systematisch an die Verwirklichung unserer Wünsche:

S = Sorgfältige Zielformulierung

Die Festlegung eines Zieles steht am Anfang jeder Arbeit mit dem Positiven Denken. Jede gezielte geistig-seelische Aktivität erfordert als Grundvoraussetzung ein Ziel, auf das sich all unsere Gedanken, Gefühle und Handlungen richten können.

Der Ermittlung des Zieles kommt also entscheidende Bedeutung zu. Fehlt es, so erfolgt keine gezielte Lenkung der eigenen Lebensenergie. Pendeln wir in Gedanken zwischen mehreren verschiedenen Zielen hin und her, so findet eine Verzettelung unserer Lebensenergie statt, und wir kommen nicht richtig voran.

Wenn Sie bisher nicht richtig vorangekommen sind, so kann es sehr leicht daran liegen, daß Sie Ihr Ziel noch nicht kennen oder es noch nicht klar genug herausgearbeitet, also noch nicht sorgfältig genug formuliert haben.

Die meisten Menschen wissen keine Antwort auf die Frage: „Was ist Dein Ziel?“ Wenn sie anfangen über ihre Wünsche zu sprechen, dann beginnen sie meist damit, daß sie erklären, was sie nicht wollen. Viele Menschen wissen sehr genau darüber Bescheid, was sie nicht wollen, aber sie haben keine klare Vorstellung davon, was sie wollen – und hier liegt ihr Hauptproblem!

Wie wir bereits wissen, ist alles aus dem gleichen Stoff gemacht. Alle unsere äußeren Erfolge müssen im Innern als Idee beginnen, die wir anschließend realisieren.

Wir wissen bereits, daß uns im Grunde alles möglich ist und daß unsere Entwicklung ausschließlich behindert wird durch unsere inneren Begrenzungen. Ein Ziel ist daher in der Regel etwas, das über unsere derzeitige Situation hinausreicht – das größer ist als der Ist-Zustand, das in die Bereiche hineingeht, die wir bisher noch nicht erlebt haben.

Wenn wir uns ein Ziel setzen, müssen wir also einen starken Glauben aufbringen, denn es gibt in der Regel außer unserer Idee von der Zielerreichung keinerlei sichtbare Unterstützung.

Wenn wir mit anderen Menschen über unsere Ziele sprechen, so müssen wir davon ausgehen, daß die meisten unserer Freunde und Verwandten sich am Sichtbaren und an den bisherigen Erfahrungen orientieren. Wenn wir also über ein Ziel sprechen, das weit über unseren Ist-Zustand hinausgeht, müssen wir damit rechnen, daß die anderen bezweifeln, ob es uns möglich sein kann, es zu erreichen.

Da die Gedanken der anderen Menschen uns in dem Augenblick etwas anhaben können, wo wir sie in unser Denken aufnehmen, wird von vielen Lehrern des Positiven Denkens der Rat gegeben, nicht über die eigenen Ziele zu sprechen – sie so lange geheimzuhalten, bis der Erfolg sichtbar ist. Wenn Sie zu den Menschen gehören, die leicht zu beeinflussen sind, oder wenn Sie noch keine starke Verwirklichungsenergie für Ihr Ziel aufgebaut haben, sollten Sie nur mit den Menschen über Ihre Pläne sprechen, die Sie in Ihrem Vorhaben vorbehaltlos unterstützen.

Wir wissen, daß alles, worauf wir unsere Lebensenergie konzentrieren, mit unserer Lebenskraft verstärkt wird. Wenn wir ein Ziel festgelegt haben und an dieses Ziel denken, dann stärken wir automatisch die Verwirklichungskräfte für dieses Ziel. Wenn wir gleichzeitig Gespräche mit anderen Menschen führen, die Zweifel an unserer Zielerreichung haben, dann kann es leicht passieren, daß wir dieser Möglichkeit des Scheiterns ebenfalls Aufmerksamkeit schenken – was gleichbedeutend damit ist, daß wir auch für diese Möglichkeit eine Verwirklichungsenergie aufbauen.

So ein Verhalten führt immer dazu, daß unnötige innere Blockaden aufgebaut werden, die uns die Zielerreichung erschweren. Es liegt in Ihrer persönlichen Verantwortung, selbst dafür zu sorgen, daß Sie Ihren Geist freihalten von allen Vorstellungen, die nicht zur Förderung der Zielerreichung geeignet sind. Nicht das, was die anderen glauben, ist entscheidend, sondern das, was Sie selbst in Ihrem Bewußtsein aufnehmen.

Es ist daher eine Aufgabe zu lernen, Gespräche, die sich mit dem Scheitern beschäftigen, einfach abzubrechen! Versuchen Sie nicht, andere Menschen zu überzeugen – versuchen Sie nicht, die Einwände ernst zu nehmen – beschäftigen Sie sich einfach nicht weiter damit.

Genauso, wie wir durch unsere Aufmerksamkeit eine Idee mit Lebensenergie verstärken können, können wir durch bewußtes Desinteresse die Lebensenergie von einer Sache abziehen.

Mit „Aufmerksamkeit" ist jede Hinwendung gemeint! Es ist also ebenfalls zu vermeiden, innerlich intensiv gegen etwas zu sein, denn das, wogegen wir kämpfen, machen wir dadurch stärker, daß wir ihm unsere (wenn auch ablehnende) Aufmerksamkeit schenken.

Wir sehen also, daß es wichtig ist, die eigenen Gedanken möglichst ausschließlich auf das Erwünschte auszurichten und möglichst wenig Gedankenenergie auf das Unerwünschte zu lenken.

Warum ist das Ziel so wichtig?

Unser Unterbewußtsein folgt dem Bewußtsein. Alles, was unsere inneren Kräfte für uns tun können, tun sie zur Verwirklichung der von unserem Bewußtsein vorgegebenen Ziele. Wer keine Ziele hat, verzichtet auf die

Unterstützung seiner Seele. Wer nicht weiß, was er will, erhält das, was er nicht will.

Die Verwirklichungskräfte des eigenen Geistes benötigen ein Ziel, um sich zu formieren. Sie können durch unser kollektives Unterbewußtsein, über das wir mit allen Menschen verbunden sind, Kontakt zu den Menschen aufnehmen, die zu unserer Zielvorstellung passen, die diese fördern und unterstützen können. Sie können diese Menschen in unser Leben leiten oder uns in die Nähe dieser möglichen Partner und Förderer bringen. Dies geschieht ganz automatisch, indem wir unser Bewußtsein mit entsprechenden Gedanken anfüllen. Aber das geht nur, wenn wir unser Ziel klar definiert haben, und es dem Unterbewußtsein durch unser Denken und unsere Vorstellungskraft übermitteln.

Es ist völlig gleichgültig, welches Ziel Sie sich setzen, die Methoden zur Zielerreichung sind immer dieselben. Diese Gesetze sind überpersönlich und Ihre ganz persönlichen Mängel und Schwächen spielen hierbei keine große Rolle.

Ein wichtiger Rat bei der Zielermittlung ist folgender: „Konzentrieren Sie sich auf Ihre Stärken und vergessen Sie Ihre Schwächen!"

Sehr viele Menschen machen es genau umgekehrt. Sie bewegen in ihrem Innern ständig Gedanken an ihre Fehler und Schwächen, an das, was sie nicht können, statt sich bewußt auf die Bereiche ihrer Persönlichkeit zu konzentrieren, die positiv sind.

Wir sind nicht auf der Welt, um unsere Stärken zu unterdrücken und unsere Schwächen zu pflegen. Wir sind hier, um mit vollem Einsatz unserer ganz persönlichen Stärken einen Beitrag zur Verbesserung der Welt zu leisten!

Das hört sich immer so großartig an, und viele Menschen sagen: „Aber ich will doch nur glücklich sein." Machen Sie sich klar, daß jeder Mensch, der es geschafft hat, glücklich zu sein, einen großen Beitrag für die Welt leistet. Ein Mensch, der an dem Platz, an dem er wirkt, glücklich ist, kann niemals eine Belastung für die Welt sein. Er wird immer andere Menschen um sich herum mit seinem Glück anstecken und eine Wohltat für jeden in seiner Umgebung sein.

Einen großen Beitrag für die Welt zu leisten, bedeutet also in erster Linie, sich einen Platz zu schaffen, an dem man sich persönlich wohl fühlt. Alle unsere Ziele müssen diesen Gesichtspunkt berücksichtigen: „Werde ich mich wohl fühlen, wenn ich dieses Ziel erreicht habe?"

Viele Menschen erlernen Berufe und eignen sich Fähigkeiten an, die sie zu einem Spitzenkönner machen, dem die Anerkennung der ganzen Fachwelt gehört – aber sie fühlen sich trotzdem nicht wohl. Dies kann nicht unser Ziel sein.

Wir müssen selbst dafür sorgen, daß wir uns wert fühlen, uns mit unserem Leben und allem, was wir tun, wohl zu fühlen. Es ist wichtig, daß wir uns keine Ziele setzen, die Unbehagen in uns auslösen. Das ist auch der Grund dafür, daß es niemals möglich ist, daß andere uns sagen können, welches Ziel für uns das richtige ist.

Wir können uns zwar anhören, welche Ideen und Vorschläge andere für unser Leben haben, aber die Entscheidung darüber, was wir realisieren, können nur wir allein treffen. Und dabei müssen wir uns auf unser Wohlbefinden konzentrieren.

Sich mit einem Ziel gut zu fühlen, beinhaltet auch, sich mit dem Weg zu diesem Ziel gut zu fühlen. Was nützt es uns, wenn wir gerne ein gefeierter Vortragsredner sein wollen, aber keine Lust dazu haben, zu reisen oder Menschen zu treffen. Das Ziel bestimmt auch die hierzu erforderlichen Handlungen, und diese müssen uns ebenfalls Freude bereiten. Erst wenn das der Fall ist, können wir uns in Harmonie mit unserem Ziel befinden.

„Der Weg ist das Ziel" – ein weiser Satz, der ebenso von vielen Menschen zuwenig beachtet wird.

Wir setzen uns ein Ziel, und die Realisierung benötigt ca. fünf Jahre. Wenn wir keine Freude am Weg haben, kann es uns passieren, daß wir uns fünf Jahre lang abquälen, nur um dann festzustellen, daß uns das erreichte Ziel ebensowenig befriedigt wie der Weg zu diesem Ziel.

Die erfolgreichsten Leute sind dadurch erfolgreich, daß sie das, was sie gerade tun, einfach gerne tun, und daß sie, noch während sie auf ihr Ziel hinarbeiten, bereits am Ziel, nämlich einer erfüllenden, befriedigenden Tätigkeit sind! Dies ist der Weg zum Erfolg!

Nun noch ein Wort zu dem Geist, in dem wir Ziele festlegen sollten. Es ist heute kaum möglich, ein Ziel allein zu erreichen. Immer wieder ist zur Zielerreichung die Mitwirkung anderer Menschen nötig – sei es als Mitarbeiter oder als Geschäftspartner oder im Privatbereich als Lebenspartner oder Mitwirkende an einer zu realisierenden Idee.

Oft gibt es Probleme, weil die Mitwirkenden das Gefühl haben, für die Zwecke des anderen egoistisch eingespannt zu werden! Dies muß nicht sein!

Ich schlage vor, daß Sie alle Ihre Ziele und Aktivitäten, die Sie mit anderen gemeinsam anstreben, auf dem „Win/Win-Prinzip" aufbauen.

„Win" bedeutet gewinnen – und das „Win/Win-Prinzip" bedeutet, daß nur solche Menschen zusammenarbeiten, die beide einen Nutzen aus dieser Zusammenarbeit ziehen.

Wenn für uns selbst gilt, daß wir uns auf die Tätigkeiten konzentrieren sollten, die uns Freude machen, so sollte dies ebenso für alle Beteiligten gelten. Ich bin mir darüber klar, daß die Mehrheit der Bevölkerung glaubt, daß dies nicht möglich ist. Das ändert aber nichts an der Tatsache, daß die erfolgreichsten Menschen aller Zeiten schon immer so vorgegangen sind.

Bauen Sie Ihren Erfolg und Ihre Zielerreichung nicht auf dem Leid anderer auf. Seien Sie offen für Menschen, die ihren zu leistenden Beitrag in Freude beisteuern können. Machen Sie sich bewußt, daß an jeder Tätigkeit, die Sie selbst nur ungern und widerwillig machen würden, ein anderer Mensch Freude empfinden kann. Konzentrieren Sie sich bei Ihrer Zusammenarbeit mit anderen nur auf Menschen, die selbst auch einen Gewinn durch diese Verbindung verspüren.

Das Wort heißt: verspüren. Dies ist eine innere Wahrnehmung des einzelnen. Ein anderer kann noch so viele logische Argumente vorbringen, warum beispielsweise dies genau der richtige Job für mich ist – aber wenn ich es nicht verspüre, dann kann dieser Job es für mich nicht sein.

Dies ist auch der Grund dafür, daß es in der Regel nicht ausreicht, über Bezahlung und Geld zu motivieren. Die meisten Menschen wollen etwas Sinnvolles tun – und sie wissen ganz tief in ihrem Innern, daß selbst eine sehr gute Bezahlung eines Jobs das Gefühl des „Hier bin ich richtig" nicht ersetzen kann!

Nachdem wir nun einige grundlegende Gedanken zum Thema „Ziele setzen" erörtert haben, wollen wir uns nun mit den konkreten Schritten zur Zielerreichung befassen.

Wenn wir uns ein Ziel gesetzt haben, welches unseren tiefen, inneren Bedürfnissen und Neigungen entspricht, bei dem uns nicht nur der Augenblick der Zielerreichung beglückt, sondern auch der Weg, die vielen kleinen Schritte, die zu tun sind, bis wir unser Ziel erreicht haben, dann können wir darangehen, dieses Ziel zu realisieren.

Um in den vollen Genuß der Unterstützung durch unser Unterbewußtsein zu kommen, müssen wir lernen, unsere Ziele so zu formulieren, daß sich auch unsere inneren Kräfte bereitwillig für die Zielerreichung einsetzen.

Die Formulierung des Zieles muß daher nach ganz bestimmten Kriterien erfolgen, die in der Lehre des Positiven Denkens schon lange bekannt sind und die mit wissenschaftlicher Genauigkeit ermittelt wurden.

Ein Ziel muß immer „im Jetzt" formuliert sein – als sei es bereits erreicht. Hierüber wollen wir noch ein wenig sprechen.

Wenn wir mit den Kräften unseres Unterbewußtseins arbeiten, so müssen wir davon ausgehen, daß ihnen eine Idee, ein Gedanke oder ein Ziel so eingegeben werden muß, als ob es schon erreicht wäre, denn das Unterbewußtsein führt ständig einen Vergleich zwischen dem, was wir denken, und der äußeren Realität durch.

Wenn wir beispielsweise krank sind und uns sagen: „Ich werde eines Tages wieder gesund sein!", so ist dies eine

Behauptung, die das Unterbewußtsein nicht aktiviert. Der Vergleich zwischen Ziel und Realität sieht so aus:

Realität: Ich bin krank.

Ziel: Ich bin eines Tages wieder gesund.

Es gibt keinen direkten Widerspruch zwischen diesen beiden Aussagen und daher auch keinen Handlungsbedarf unserer inneren Kräfte. Beide Aussagen können nebeneinander bestehen und richtig sein.

Wenn wir jedoch statt dessen sagen: „Ich bin vollkommen gesund!“, so sieht die Sache schon etwas anders aus.

Der Vergleich unseres Unterbewußtseins zwischen der Realität: „Ich bin krank.“ und dem Ziel: „Ich bin vollkommen gesund.“ ergibt einen krassen Widerspruch.

Dieser Widerspruch ist es, der die Aktivität unseres Unterbewußtseins auslöst!

Man muß sich vorstellen, daß die Realität und das Ziel zur Deckung gebracht werden müssen. Dies ist die Aufgabe unseres Unterbewußtseins – eine Balance zwischen innen und außen herzustellen.

Der Satz „Wie innen, so außen“ ist für das Unterbewußtsein ein Handlungsgesetz. Wenn im Innern Gedanken vorherrschen, die mit dem Äußeren nicht übereinstimmen, so wird das Unterbewußtsein alles tun, um diese Übereinstimmung herzustellen.

Da wir nicht von unserem Unterbewußtsein getrennt sind, wird hierzu unsere ganze Persönlichkeit eingespannt.

Es beginnt der „Kampf" zwischen unseren alten Glaubenssätzen und unserem Ziel, welches in der Überwindung unseres Ist-Zustandes liegt.

Wie wir schon im ersten Teil dieses Buches besprochen haben, kann ein Angriff auf alte Zustände einen erbitterten Widerstand unserer bisherigen Glaubenssätze auslösen. Sie fühlen sich aufgerufen, die alte Realität aufrechtzuerhalten. Sie versuchen dies in vielfältiger Form – angefangen von inneren Zweifeln am neuen Ziel oder der Möglichkeit, es zu erreichen, bis hin zur scheinbar völligen Handlungsunfähigkeit, die das Erreichen des neuen, erwünschten Zieles unmöglich macht.

Diese Tatsache kann man gar nicht oft genug betonen!

Es ist so, daß alles, was wir in der Vergangenheit als Überzeugung in uns aufgebaut haben, sich beauftragt fühlt, bis an unser Lebensende fortzubestehen. Eine alte Überzeugung zu ändern, ist also vergleichbar damit, eine Beziehung beenden zu wollen. Der bisherige Partner, der sich nicht trennen will, wird sich wahrscheinlich mit allen Mitteln, die ihm zur Verfügung stehen, dagegen wehren.

Ebenso verhält sich unser Inneres. Wenn wir dies wissen, können wir natürlich ganz anders damit umgehen. Wir können lernen, diese Attacken zu ertragen, ohne sie allzu ernst zu nehmen, und werden somit unser neues Ziel auch erreichen.

In unserem Beispiel sieht das folgendermaßen aus:

Der Ist-Zustand „Ich bin krank." verteidigt sich. Wir haben schließlich eine ganze Zeitlang an ihn geglaubt, ihn für wahr gehalten, und daher fühlt er sich beauftragt, seine Existenz zu verteidigen.

Das neue Ziel, der neue Glaubenssatz, den wir realisieren wollen, nämlich „Ich bin vollkommen gesund." muß jetzt trotz des Widerstandes der alten Überzeugung systematisch aufgebaut werden.

Da er zwar schon als von uns festgelegtes Ziel besteht, aber bisher noch nicht bis in unser Unterbewußtsein vorgedrungen ist, müssen wir ihn durch unser Denken, Fühlen und Handeln hierbei unterstützen.

Machen Sie sich klar:

Immer, wenn Sie an Ihr Ziel denken und es bejahen, unterstützen Sie den neuen Glaubenssatz bei seinem Wachstum.

Wenn Sie statt dessen den Attacken des alten Glaubenssatzes erliegen und sich in Gedanken des Zweifels ergehen, dann erhöhen und verlängern Sie die Lebensdauer des alten Glaubenssatzes.

Eigentlich ist das vom Prinzip her sehr einfach. Unser Problem liegt in der Regel darin, daß die beteiligten Gefühle uns sehr nahe gehen und daß wir dazu neigen, unsere Emotionen als innere Führung anzusehen.

Ich wiederhole es noch einmal:

Emotionen sind keine innere Führung. Sie sind der Ausdruck unserer Glaubenssätze, die in unserem Innern aktiv sind.

Wenn wir also Angst davor haben, daß wir vielleicht doch nicht wieder gesund werden könnten, so ist dies eine Auswirkung unserer Überzeugung, daß wir krank seien!

Ebenso wie wir durch unsere Glaubenssätze Menschen anziehen, die uns in unserer Überzeugung (zum Beispiel krank zu sein) bestärken, ziehen wir auf diese Weise Gefühle an, die dasselbe tun!

Dies gilt allerdings im umgekehrten Falle auch für die neuen Überzeugungen, die wir durch die Festlegung unseres Zieles und die täglichen Bejahungen in uns heranwachsen lassen. Auch sie verursachen entsprechende Gefühle in uns, die uns bei der Zielerreichung fördern, und sie ziehen geeignete Partner in unser Leben, die gemeinsam mit uns an der Zielverwirklichung arbeiten.

Wir kämpfen niemals mit irgend etwas, das sich außerhalb von uns befindet – der entscheidende Kampf muß in unserem Innern gewonnen werden.

Der Unterstützung unserer neuen Gedanken kommt nun eine ganz entscheidende Bedeutung zu. Je stärker wir auf der Linie des Erwünschten denken, fühlen und handeln, um so schneller und sicherer erreichen wir die Verwirklichung dessen. Der Satz „Du mußt schon angekommen sein, bevor Du losgegangen bist", beschreibt genau diese Situation.

Zuerst müssen wir in unserem Innern dafür sorgen, daß die Überzeugung, das Ziel erreicht zu haben, „angekommen" ist.

Auch das Bibelwort „Wenn zwei unter Euch sich einig sind, dann kann Euch nichts mehr aufhalten." sagt dasselbe aus. Die zwei, die hier gemeint sind, sind das eigene bewußte Denken und das im Unterbewußtsein gespeicherte Programm. Stimmen diese beiden überein, kann der Erfolg nicht mehr verhindert werden.

Dies erreicht man am sichersten mit dem Sprechen und Schreiben von Affirmationen und Bejahungen, die das

Erwünschte bestätigen. Wir sagen täglich oft vor uns hin: „Ich bin vollkommen gesund.“ Dieser Satz ist eine Affirmation, eine Beschreibung des erwünschten Zustandes in der Gegenwartsform.

Wenn man diese Art von Gedanken schriftlich oder mündlich regelmäßig über einen längeren Zeitraum wiederholt, fördern sie das Wachstum eines entsprechenden Glaubenssatzes in unserem Innern.

Ich verwende gerne das Beispiel der beiden Staffelläufer:

Der erste Läufer startet. Er hat den Stab in der Hand, den er an den zweiten Läufer übergeben will.

Der erste Läufer ist unser Bewußtsein, unser bewußtes Denken, der zweite Läufer ist unser Unterbewußtsein, und der Staffelstab ist der neue Gedanke, unser Ziel, welches wir unserem Unterbewußtsein übergeben wollen.

Der erste Läufer läuft so intensiv, so schnell und so ausdauernd, wie er kann, um den Stab an den zweiten Läufer zu übergeben. Genauso müssen auch wir in der ersten Runde so intensiv und ausdauernd wie wir nur können unserem Unterbewußtsein den neuen Gedanken, die Zielvorstellung entgegenbringen. Dies geschieht durch regelmäßige, bewußte Beschäftigung mit dem Ziel und durch oftmalige Wiederholung der Affirmation des erwünschten Zustandes.

Wenn unser Läufer die erste Runde fast beendet hat, beginnt der zweite bereits anzulaufen. Er läuft einige Meter neben dem ersten Läufer, um die Position einzunehmen, die nötig ist, um den Stab endgültig zu übernehmen.

Wenn beide ungefähr dasselbe Tempo haben, hält der erste Läufer den Stab nach vorne, und der zweite, der ein Stückchen vorneweg läuft, greift nach hinten und übernimmt den Stab, der ihm vom ersten Läufer in die offene Hand gelegt wird.

Genauso ist es bei unserem inneren Prozeß. Das Unterbewußtsein, welches durch die Aktivitäten des ersten Läufers, nämlich der ständigen Wiederholung unseres bewußten Denkens, Fühlens und Handelns „auf Touren" gebracht wird, tut erst einmal eine Zeitlang gar nichts. Die Spannung jedoch steigt immer weiter an. Wenn die erste Runde fast beendet ist, setzt sich das Unterbewußtsein in Bewegung, es läuft langsam, aber sicher an.

Es hat jedoch immer noch nicht „den Stab" übernommen. Falls nun der erste Läufer (unser bewußtes Denken) seine Arbeit zu früh reduziert oder einstellt – was ziemlich oft geschieht – , dann kommt die Übergabe nicht zustande.

Wichtig ist also, daß der bewußte eigene Prozeß der Bejahungen unverändert aktiv fortgesetzt wird, und das so lange, bis die Übergabe an das Unterbewußtsein tatsächlich erfolgt ist. Genauso wie bei unseren beiden Läufern, wo der erste Läufer noch ein Stückchen mitläuft, obwohl der andere den Stab schon in der Hand hat, muß auch unser bewußtes Denken ein Stückchen weiter mitlaufen, wenn die Übergabe erfolgt ist.

Mit diesem Beispiel habe ich versucht, den Grund aufzuzeigen, warum oftmals die Innensteuerung nicht beginnen kann. Wenn wir (der erste Läufer) schon aufhören zu laufen, bevor unser Unterbewußtsein (der zweite Läufer) die innere Überzeugung (den Staffelstab) übernommen hat, kann keine Automatik erfolgen.

Der Begriff „Autosuggestion“, so wie ihn Emil Coué beschreibt, macht dies ebenfalls deutlich. Er sagt, daß wir unsere Suggestionen, also die Gedanken, die wir unserem Innern einprägen wollen, so lange bewußt wiederholen müssen, bis die Autosuggestion einsetzt, also der Moment, in dem unser Unterbewußtsein beginnt, diesen Gedanken automatisch selbständig zu wiederholen.

Was passiert nun, wenn wir diesen Augenblick erfolgreich erreicht haben?

Viele Menschen haben Probleme mit der Zielerreichung, weil sie nicht wissen, wie das Unterbewußtsein bei der Förderung der Zielerreichung arbeitet.

Wir sollten unsere Überzeugung von der Zielerreichung ganz klar und deutlich in unser Inneres einpflanzen. Die Details des Weges, der zu dieser Zielerreichung führt, sollten wir jedoch zu großen Teilen unserem Unterbewußtsein überlassen.

Viele Menschen, die die Macht ihres Unterbewußtseins einsetzen möchten, handeln wie der Autofahrer im folgenden Beispiel:

Stellen Sie sich einen Autofahrer vor, der tief in den Straßenschluchten von Manhattan fährt und in Funkverbindung mit einem Hubschrauber steht, der sich hoch über ihm mit freier Sicht auf die Straßenverhältnisse befindet. Statt sich jedoch von den Piloten des Hubschraubers Anweisungen für den kürzesten Weg geben zu lassen, gibt der Autofahrer den Piloten bis ins Detail vor, welche Route sie zu fliegen haben. Dies käme uns ziemlich absurd vor, aber es beschreibt genau das Verhalten, das viele Menschen bei der Kommunikation mit ihrem Unterbewußtsein an den Tag legen.

Unser Unbewußtes steht in Kontakt mit dem gesamten Universum. Es „sieht“ und weiß Dinge, die für unseren Verstand nicht wahrnehmbar sind. Diese Kräfte muß das Unterbewußtsein frei einsetzen können, denn nur dann kann es auch zu optimalen Erfolgen beitragen.

Dies ist der Grund dafür, daß wir fest im Ziel, aber beweglich in den Methoden sein sollten. Das Ziel ist klar und eindeutig formuliert:

„Ich bin gesund“, „Ich bin selbstbewußt“, „Ich bin erfolgreich“, „Ich bin ...“ usw.

Wenn wir unserem Unterbewußtsein das jeweilige Ziel übermittelt haben, dann sollten wir uns offenhalten für die Genialität unserer Seele, die manchmal scheinbar eine ganze Zeit gar nichts tut und dann – wie durch ein Wunder – in kürzester Zeit alles so fügt, daß wir unser Ziel erreichen.

Unsere inneren Kräfte arbeiten zu einem großen Teil auf unsichtbarer Ebene. Es ist wichtig, daß wir uns dessen bewußt sind, daß wir alles tun sollten, was wir mit unseren sichtbaren Kräften tun können, daß jedoch darüber hinaus weiteres zu unserem Besten geschieht. Wir erkennen es oft nicht, aber es wird uns klar, wenn es sichtbar in unser Leben tritt.

Das Wie des Weges, die Details, die wir für die Zielerreichung benötigen, sind nicht so wichtig wie die Festigkeit in unserem Ziel selbst. Fest im Ziel und beweglich in den Methoden zu sein, führt zum Erfolg. Ich habe oftmals den Eindruck, daß viele Menschen sich genau umgekehrt verhalten: beweglich im Ziel und fest in den Methoden. Dies führt beileibe nicht zum Erfolg.

Das innere Selbst, welches die Überzeugung in sich gebildet hat, daß wir das Ziel erreichen, wird immer diesem Ziel folgen und es unter allen Umständen zu erreichen versuchen.

Während dieses Prozesses sind wir jedoch gehalten, nicht die Hände in den Schoß zu legen, sondern die äußeren Fähigkeiten unserer Persönlichkeit – unsere Handlungskraft – zur Verfügung zu stellen.

Wie unsere Phantasie und unsere Vorstellungskraft uns bei der Zielerreichung wesentlich unterstützen können, wird im nächsten Punkt näher erläutert.

I = Imagination und Phantasie

Die wichtigste Erkenntnis auf dem Sektor der Psychologie in diesem Jahrhundert ist, daß wir unserem Unterbewußtsein durch unsere Vorstellungsbilder und unsere Phantasien intensive Botschaften übermitteln, die um ein Vielfaches schneller aufgenommen werden als Worte.

Alles, was Sie im vorhergehenden Kapitel über die Arbeit mit Affirmationen und Bejahungen gelesen haben, ist unverändert gültig. Viele große Erfolge sind bereits damit erzielt worden. Trotzdem sollten Sie sich zusätzlich mit dem Wissen um die Macht unserer Phantasie befassen und lernen, gesteuerte Imagination, also bewußte Einbildung, zu betreiben.

In dem Ausdruck „Einbildung" ist das Wort „Bild" enthalten. Unser Unterbewußtsein kommuniziert nicht in Worten, sondern in gefühlsbesetzten Bildern.

Wenn wir mit unserem Innern über Worte kommunizieren, so muß es die Worte zuerst in entsprechende Bilder umsetzen, bevor sie verstanden werden. Wir können nun unserem Unterbewußtsein gleich in der Sprache begegnen, die es am besten versteht, indem wir selbst die Bildersprache unserer Vorstellungskraft einsetzen.

Wenn Sie einem Engländer begegnen und die Unterhaltung mit ihm auf englisch führen, ist die Wahrscheinlichkeit, daß er Sie auf Anhieb richtig versteht, am größten. Ebenso verhält es sich auch in der Kommunikation mit unserem Unterbewußtsein.

Unsere Phantasie ist die göttliche Werkstatt unseres Geistes. „Ein Bild sagt mehr als tausend Worte", dieser Satz gilt für unsere innere Arbeit.

Wir sprachen bereits an früherer Stelle über das Gesetz der Fülle. „Was Dich erfüllt, erfüllt sich für Dich!"

Wenn wir uns einmal selbst betrachten, um herauszufinden, was uns erfüllt, so werden wir schnell zu dem Ergebnis kommen, daß wir in unserem Innern eher Vorstellungen finden als Worte.

Denken Sie doch einmal an ein Krokodil. Sie werden feststellen, daß Sie in Ihrer Phantasie einen Gegenstand gesehen haben, der wie ein Krokodil aussah. Niemals wird es Ihnen passieren, daß Sie vor Ihrem geistigen Auge das Wort „Krokodil" sehen. Das nur als kleiner Beweis für die Bildsprache unseres Innern.

Unsere Phantasie ist eine gewaltige Kraft. Viele Menschen haben die Erfahrung gemacht, daß sie das, was sie befürchten, in ihrem Innern richtiggehend ausschmükken. Sie sehen förmlich vor ihrem inneren Auge, wie das, wovor sie Angst haben, geschieht. Diese Phantasien tragen natürlich dazu bei, daß das Befürchtete auch tatsächlich irgendwann eintritt.

Die meisten Menschen gehen so mit ihrer Phantasie um, daß sie das, was sie befürchten, in allen Farben vor sich sehen, und das, was sie sich wünschen, nur schwach und zaghaft mit Worten beschreiben.

Genau umgekehrt sollte es jedoch sein!

Das, was wir uns wünschen, sollten wir uns in unserer Phantasie immer wieder vorstellen, und das, wovor wir uns fürchten, sollten wir vollständig aus unserer Phantasie verbannen.

Lassen Sie es nicht zu, daß Ihre Phantasie „ins Kraut schießt" und sich verselbständigt. Dazu ist sie viel zu mächtig. Stellen Sie sie in den Dienst Ihrer Ziele.

Die Bildsprache unseres Unterbewußtseins gilt auch für den umgekehrten Weg. Wenn unser Unbewußtes uns eine Information geben will, so wird es dies in der Regel auch nicht in Form eines Wortes tun, sondern in Form eines in unserem Innern aufblitzenden Bildes. Wir sehen eine kompletten Entwurf einer Information vor uns – und diesen versuchen wir dann – oftmals mehr schlecht als recht – in Worte zu fassen.

Unsere inneren Kräfte sind nicht rational. Sie sind nicht logisch. Sie sind nicht berechenbar. Sie sind keine mathematische Gleichung, sondern eher vergleichbar mit der Kreativität der Kunst. Wenn wir sie nutzen wollen – und das sollten wir tun – , dann müssen wir lernen, spielerischer zu sein.

„Ihr müßt wieder werden wie die Kinder" – das ist ein Aufruf, zur Leichtigkeit zurückzukehren. Die gezielte Arbeit mit unserer Phantasie ist nicht mit Anstrengung verbunden. Sie erfordert insofern Disziplin, als wir uns dazu erziehen müssen, bei unseren selbstgewählten Vorstellungsbildern zu bleiben. Das ist aber nicht eine Sache der Anstrengung, sondern eine Sache der Konzentration.

Konzentration wird in der Regel ebenfalls mit Anstrengung gleichgesetzt. Auch dies ist ein Mißverständnis, denn Konzentration bedeutet nichts anderes als die ausschließliche Ausrichtung der Aufmerksamkeit auf einen ganz bestimmten Bereich unter Ausschluß der übrigen Bereiche. Hierzu ist Kraftaufwand weder erforderlich noch hilfreich.

Wenn Sie also kreative Imagination betreiben wollen, so müssen Sie lernen, innere Bilder zu produzieren, die mit Ihrem selbstgewählten Ziel übereinstimmen, und diese Bilder durch regelmäßige Innenschau Ihrem Unterbewußtsein zu übermitteln.

Hierzu müssen Sie, genauso wie Sie bei der Affirmation eine Formulierung finden, die den erwünschten Zustand als „es ist bereits erreicht“ beschreibt, einen inneren Kurzfilm produzieren, in dem Sie sich „bereits am Ziel Ihres Wunsches“ sehen.

Bei einem Kurzfilm zu dem Ziel „Ich bin vollkommen gesund“ kommt es zum Beispiel in erster Linie darauf an, was Sie darunter praktisch verstehen. Wenn Sie unter vollkommener Gesundheit verstehen, daß Sie in der Lage sind, Rock 'n' Roll zu tanzen, dann könnte eine heilsame Imagination so aussehen, daß Sie sich dabei zusehen, wie Sie gesund und kraftvoll Rock 'n' Roll tanzen.

Wichtig ist, daß Sie ein Bild wählen, das zu Ihnen paßt. Die Imagination muß so aufgebaut werden, daß Sie sich damit im Einklang fühlen. Es hat keinen Sinn, sich

Rock 'n' Roll tanzen zu sehen, wenn Sie das Tanzen an sich verabscheuen. Wählen Sie daher aus, was wirklich zu Ihnen paßt und was Sie mit Freude tun würden, wenn Sie Ihr Ziel erreicht hätten.

Die Imagination sollte nicht zu lang sein. Es reichen 10 Sekunden. Drehen Sie sich einfach einen 10-Sekunden-Kurzfilm, den Sie mehrmals täglich in völliger Entspanntheit vor Ihrem inneren Auge ablaufen lassen. Dieser Prozeß kann die Zielerreichung wesentlich beschleunigen.

Wichtig ist noch, darauf hinzuweisen, daß Sie selbst auf dem Film zu sehen sein müssen. Sie stehen im Mittelpunkt und tun etwas, was Sie tun würden, wenn Ihr Ziel erreicht wäre. Es reicht nicht aus, sich nur die Situation, die Sie herbeiführen möchten, vorzustellen, Sie müssen selbst mit im Bild sein.

Eine Alternative dazu könnte sein, daß Sie sich dabei „sehen", wie ein anderer Mensch, der Ihnen nahesteht, Ihnen zu Ihrem Erfolg, zu Ihrer Zielerreichung gratuliert. Dieses Bild enthält auch das wesentliche Element der Imagination – es bestätigt die eingetretene Zielerreichung.

Eine Frage, die immer wieder auftaucht, ist: „Muß ich denn die inneren Bilder genauso klar sehen, als wenn ich im Kino säße?"

Kaum ein Mensch ist dazu in der Lage, und das ist auch nicht nötig. Es kommt darauf an, daß Sie das Gefühl haben, diesen inneren Film zu sehen. Wenn sich dieses Gefühl bei Ihnen einstellt, dann ist der Film auch bei Ihrem Unterbewußtsein angekommen.

Lassen Sie jeglichen Perfektionsanspruch fallen. Wir arbeiten spielerisch mit unseren inneren Sinnen. Diese wissen schon, bevor wir etwas tun, was wir vorhaben. Entscheidend ist, daß wir das sichere Gefühl übermitteln, daß wir uns am Ziel sehen. Der Rest wird dann vom Unterbewußtsein erledigt.

Lassen Sie es mich noch einmal deutlich machen:

Die Arbeit mit dem eigenen Unterbewußtsein erfordert zwar Entschlossenheit und Konsequenz, jedoch keine Perfektion und keinen Kraftakt.

Die Kompaßnadel immer wieder leicht korrigieren und auf das gewünschte Ziel ausrichten – das ist alles, was wir tun müssen, um ein Riesenschiff zu lenken.

Genauso ist es auch mit dem Schiff unseres Lebens.

Ziele geben die Richtung vor, und die Imagination überzeugt unser Inneres, daß wir unser Ziel unter allen Umständen erreichen werden. Tatkraft steuert das entscheidende äußere Handeln bei, welches unerläßlich für die Zielerreichung ist.

T = Tatkraft und Ausdauer

Tatkraft und Ausdauer sind aus den verschiedensten Gründen unverzichtbare Umwandlungsmittel von Ideen in sichtbare Ergebnisse.

Die Bedeutung des Positiven Denkens zur persönlichen Selbstentfaltung ist sehr groß. Es bildet die grundlegende Basis für unsere Handlungen, denn wie ich schon festgestellt habe, wird man kaum die Kraft zum Handeln aufbringen, wenn man nicht an die Zielerreichung glaubt!

Viele Kritiker des Positiven Denkens gehen von der irrtümlichen Annahme aus, daß das Positive Denken das Handeln ersetzt. Immer wieder höre ich: „Man kann doch nicht durch *denken allein* sein Leben verändern, man muß doch auch *etwas tun!*"

Richtig, so ist es, aber ich behaupte auch nichts anderes. Wieso glauben manche Menschen, daß derjenige, der das Positive Denken propagiert, das Handeln für überflüssig hält? In meinen POSITIV-System nimmt der Punkt „Tatkraft und Ausdauer" einen ganz wesentlichen Platz ein, und dies bestätigt sicher, daß ich die Bedeutung des Handelns zur Zielerreichung als fundamental ansehe.

Nichthandeln ist kein Weg zum Erfolg. Worum es mir jedoch immer wieder geht, ist die Feststellung, daß unser Handeln uns und anderen nur dann zum Segen gereichen kann, wenn es auf einer positiven geistigen Grundlage basiert. Es ist der Geist, in dem ich handle, der darüber entscheidet, ob mein Handeln positive oder negative Früchte trägt.

Handeln ist unerläßlich und muß nach ganz bestimmten Grundsätzen vollzogen werden, wenn es erfolgreich zur Realisierung unserer Ziele beitragen soll.

Sehen wir uns jedoch zuerst einmal die unterschiedliche Bedeutung der beiden Punkte Tatkraft und Ausdauer an.

Tatkraft, das ist, wie das Wort schon sagt, die Kraft zur Tat. Wir benötigen unter allen Umständen die Kraft, die uns zur Tat bringt, die Kraft, die uns befähigt, uns in

Richtung auf die Handlungen, die uns unserem Ziel näher bringen, in Bewegung zu setzen.

Handeln ist in physische Bewegung gesetztes Denken!

Die Tatkraft muß daher zuerst aus unserem Denken gewonnen werden. Wenn wir *glauben,* daß wir die Kraft zum Handeln haben, dann haben wir sie auch. Hinzu kommen muß die Motivation zum Handeln, also auch wieder etwas, das in unserem Innern seinen Anfang nimmt.

Wenn ich nicht glaube, daß ich Tatkraft besitze, und wenn ich nicht weiß, warum und wofür ich sie überhaupt einsetzen soll, werde ich sie auch nicht aufbringen.

Die Tatkraft für den ersten Schritt aufzubringen, bedeutet also, sich über die zentrale Bedeutung des eigenen Handelns völlig klarzuwerden. Es erfordert ein klares Ziel als Motivation zum Handeln, und es erfordert die innere Überzeugung, daß wir die Kraft zum Handeln in uns tragen. Wenn dies alles vorhanden ist, dann geht es eigentlich nur noch um eines:

Anfangen!

Haben wir erst einmal mit der richtigen inneren Einstellung begonnen, freudig und zielorientiert zu handeln, so wird unsere Tatkraft sich selbständig immer weiter verstärken, je länger wir uns aktiv vorwärtsbewegen. Am Anfang muß das innere Schwungrad „in Gang kommen", das kann etwas langsam gehen, aber wenn es erst einmal läuft, dann müssen wir es durch fortgesetzte Aktivität in Bewegung halten.

Aktiv zu sein, zu handeln ist ein ganz natürlicher Ausdruck unseres Wesens. Wir sollten erkennen, daß wir uns viel wohler fühlen, wenn wir regelmäßig entsprechend unseren Zielen aktiv handeln.

Manchmal kann es jedoch auf dem Weg ein Hindernis geben, welches uns dazu zwingt, anzuhalten. Jeder Mensch, der versucht, Ziele zu erreichen, macht die Erfahrung eines Rückschlages, eines Fehlschlages, einer Erfolgsunterbrechung. Es kommt dann sehr entscheidend darauf an, wie er sich in dieser Situation verhält.

Was unterscheidet einen Erfolgsmenschen von einem Versager? Erfolgreiche Menschen erleiden zwar manchmal einen Rückschlag, aber niemals eine endgültige Niederlage.

Was ist der Unterschied zwischen einem Rückschlag und einer Niederlage? Nach einem Rückschlag ist man wieder aufgestanden und hat es noch einmal versucht – nach einer Niederlage ist man liegengeblieben.

Es liegt also nur daran, ob man weitermacht oder nicht!

Ausdauer ist für den Erfolg weitaus wichtiger als Tatkraft. Wer jedoch noch nicht einmal in der Lage ist, die Kraft zur Tat aufzubringen, der muß auch nicht ausdauernd sein.

Ausdauer setzt Tatkraft voraus, aber erst sie verwandelt Rückschläge in den endgültigen Sieg.

Viele Menschen sind nur deshalb reich geworden, weil sie sich nicht erlauben konnten, aufzugeben, denn sonst wären sie erledigt gewesen. Es ist völlig egal, wie Ihre Situation zur Zeit aussieht, entscheidend ist, daß Sie unbeirrt immer wieder aufstehen und Ihre Handlungen fortsetzen bis zur Zielerreichung. Wenn Sie das Ziel erst einmal erreicht haben, dann fragt Sie keiner mehr danach, wie oft Sie fast gescheitert wären.

Da die innere Einstellung, also unser Denken, darüber entscheidet, ob wir Tatkraft und Ausdauer an den Tag legen können, ist es wichtig, sich eines einzuprägen:

Erledigt ist man erst dann, wenn der eigene Geist glaubt, man sei erledigt! Es gibt immer eine Möglichkeit für den, der glaubt, daß es eine gibt! Es ist nicht nötig, sie zu kennen oder sie zu sehen – an eine Lösung zu glauben, die man sieht, das kann schließlich jeder! Entscheidend ist, im eigenen Denken die Möglichkeit einer Lösung unbeirrt zu bejahen – und diese dadurch zu realisieren.

Viele Menschen müssen große Prüfungen bestehen, bis die Welt sich geschlagen gibt und ihnen den gebührenden Platz einräumt. Viele von ihnen haben die Erfahrung gemacht, daß ihnen der Schritt über die Niederlage hinaus den endgültigen Erfolg gebracht hat.

Der Schritt über die Niederlage hinaus, das ist der Schritt, den man macht, obwohl man erledigt ist – und dieser Schritt überzeugt das Universum und führt zum endgültigen Sieg über die eigenen Schwierigkeiten.

Es geht darum, die Ausdauer für die erforderlichen Schritte aufzubringen, die nötig sind, um anzukommen. Egal, wie die Realität aussieht, sie ist sowieso nur eine Täuschung.

Wenn wir glauben, wir schaffen etwas nicht, dann sehen wir alles schiefgehen – glauben wir dagegen, wir schaffen es, sehen wir in derselben Realität Möglichkeiten über Möglichkeiten. Es liegt nur an unserem Denken.

Eines ist sicher: Der Geist formt die Materie. Das tatkräftige und ausdauernde Handeln ist jedoch eine unerläßliche Beigabe hierzu.

Wer nicht beginnt, der nicht gewinnt! Wer nicht durchhält, der schon vor'm Ziel fällt!

Die Entscheidung treffen Sie ganz allein, denn niemand kann Sie am Handeln hindern.

Ich möchte an dieser Stelle einmal ein kurzes Wort zu den Menschen sagen, die um Hilfe beten. Ich selbst bin ein Mensch, der betet – und ich habe durch meine Gebete schon Hilfe erhalten. Eine Erfahrung mußte ich jedoch machen, die ich gerne an Sie weitergeben möchte:

„Beten Sie niemals um etwas, was Sie schon erhalten haben!"

Es gibt viele Menschen, die Gott um Hilfe bitten und noch nicht einmal die Gaben einsetzen, die Gott ihnen schon bei der Geburt mitgegeben hat. Solange sie dies nicht tun, können sie nicht auf die gewünschte Hilfe rechnen!

Das Zusammenspiel zwischen Gott und uns läuft so ab:

Gott sagt: „Mensch, gib Du alles, was Du geben kannst, setze alle Deine gottgegebenen Talente und Kräfte ein – und den Rest überlasse mir."

Solange wir nicht all das einsetzen, was wir mitbekommen haben, wird uns keine besondere Hilfe zuteil. Gottes Hände sind unsere Hände, und wenn wir zupacken und Gott den Rest überlassen, dann wird alles gut.

Erkennen Sie, daß Sie bereits jetzt über alles verfügen, was Sie benötigen, um Ihr Leben zu einem Erfolg zu machen. Die eigenen Kräfte zu unterdrücken, in der Erwartung, damit Gottes Hilfe den Weg freizumachen, ist der falsche Weg.

Leben heißt – aktiv sein und Dinge in Bewegung bringen. Ein Positiv-Denker kann bei sich selbst keine Entschuldigungen für Faulheit und Lethargie gelten lassen.

Jeder Mensch kann sich entscheiden, nicht zu handeln. Das ist sein gutes Recht. Er darf aber nicht erwarten, von den Auswirkungen dieser Entscheidung befreit zu werden. Hilf Dir selbst, dann hilft Dir Gott. Tust Du es nicht – und Du hast die persönliche Verantwortung dafür, dies zu entscheiden – , dann wird Dir nicht in dem Maße geholfen, wie es sonst der Fall wäre.

Nun machen manche Menschen die Erfahrung, daß sie sehr aktiv handeln – und trotzdem können sie nicht die gewünschten Erfolge verbuchen. Dies hat seinen Grund meist in der Tatsache, daß ihr Handeln nicht auf der Linie des erwünschten Zieles liegt. Es sind also auch beim Handeln bestimmte Regeln zu beachten. Wie muß das Handeln denn nun beschaffen sein, damit die Erreichung des selbstgewählten Zieles unterstützt wird?

Hierfür gibt es einige Grundregeln:

Wir wissen, daß wir bei unseren Handlungen mit dem Versuch unserer alten Gewohnheiten, unserer alten Glaubenssätze, sich zu verteidigen, konfrontiert werden. Dies ist uns bekannt und kein Grund zur Aufregung. Wir müssen unsere Handlungen darauf ausrichten, die Störmanöver der alten Programme zu überlisten.

Alte Programme sollten nicht durch Handeln bekämpft werden, sondern wir müssen lernen, sie durch Nichtbeachtung praktisch „auszuhungern“.

Dies geschieht dadurch, daß wir keine Handlungen mehr vollziehen, die dem alten Programm entsprechen!

Jede Handlung, die wir durchführen, ist in physische Bewegung gebrachtes Denken. Genauso wie die Imagination eine wesentlich stärkere Beeinflussung unseres Unterbewußtseins ist als ein Gedanke, so ist auch eine Handlung für unser Unterbewußtsein ein wesentlich größerer Eindruck, als ein Gedanke es je sein könnte.

Daher dürfen wir keine Handlungen mehr vollziehen, die das alte Programm unterstützen. Statt dessen sollten wir bewußt aktiv werden und Handlungen vollziehen, die exakt und vollständig auf der Linie des Erwünschten liegen.

Wenn wir also merken, daß wir im Begriff sind, eine Zwangshandlung zu begehen, die von einem alten Glaubenssatz ausgelöst wird, die sich aber gegen die gewünschte Zielerreichung richten würde, sollten wir diese Handlung sofort unterbrechen und zum Nicht-handeln übergehen!

Bewußtes Nichthandeln ist auch eine Handlung! Wir tun bewußt nichts mehr, was auf der Linie unseres alten Programmes liegt – und wenn wir unbewußt mit einer solchen Handlung begonnen haben, brechen wir diese sofort ab, wenn wir dies bemerken, und gehen zum Nichthandeln über.

Wenn es möglich ist, können wir, nachdem wir die unerwünschte Handlung abgebrochen haben, sofort eine aktive Handlung vollziehen, die dem erwünschten Ziel entspricht. Damit demonstrieren wir unserem Unterbewußtsein unsere Entschlossenheit, unsere bisherige Gewohnheit zu ändern.

Wir müssen es uns ganz bewußtmachen: Jeder Fehler, den wir machen, indem wir nach dem alten Programm handeln, ist ein Erfolgserlebnis für unseren alten Glaubenssatz. Wir müssen lernen, hiermit emotionslos umzugehen. Zu viel Emotionalität ist schädlich für das Handeln. Wir sollten schon mit Engagement vorangehen, aber wenn unsere Gefühle einen bestimmten Punkt überschreiten, können sie hinderlich für den Erfolg sein.

Es ist die Leidenschaft – die Leiden schafft!

Wenn wir zu sehr mit dem Kopf durch die Wand wollen, gehören wir eher zu den „Blinden" als zu den „Sehenden".

Sie sollten wie im folgenden beschrieben vorgehen:

Fragen Sie sich, *bevor* Sie etwas tun, ob es

a) dem Glaubenssatzprogramm entspricht, das Sie aushungern wollen – und dann tun Sie es nicht!

oder ob es

b) dem Glaubenssatzprogramm entspricht, das Sie unterstützen und wachsen lassen wollen – dann tun Sie es!

Lassen Sie sich nicht von Ihren gewohnheitsmäßigen Handlungen mitreißen, solange diese noch nicht automatisch dem erwünschten Ziel dienen.

Zu unseren Handlungen gehören:
Das eigenständige Denken
Das eigenständige Fühlen
Das eigenständige Sprechen
Das eigenständige Tun
und
Das eigenständige Nichtsprechen und Nichttun!

Lernen Sie, kontrolliert zu handeln! Fragen Sie sich jedesmal:

„Bringt das, was ich jetzt gerade tun will, mich meinem selbstgewählten Ziel näher?

Ist die Antwort „Ja“ – dann tun Sie es!

Lautet die Antwort „Nein“ – dann fragen Sie weiter: „Dient es der Fortsetzung des alten Programmes?“

Ist die Antwort „Ja“ – lassen Sie es sein!

Ergibt die Selbstbefragung, daß es um eine neutrale Handlung geht und sie Ihrer Lebensfreude oder Entspannung dient, dann tun Sie es!

Mehr ist eigentlich nicht zu tun!

Gewinnen Sie eine Handlungsfreude, sorgen Sie durch entsprechende Suggestionen dafür, daß Sie einen Glaubenssatz in sich aufbauen wie „Ich liebe es, zu handeln“, und sichern Sie sich dadurch die Unterstützung Ihres Unterbewußtseins bei der Entwicklung Ihrer Handlungsfreude.

Die Bedeutung des Handelns ist nicht zu unterschätzen. Bleiben Sie dabei jedoch offen für die Genialität des Augenblicks. Es ist häufig so, daß etwas weniger Arbeit etwas mehr Inspiration ergibt. Machen Sie immer wieder kleine Entspannungspausen, die Ihren Geist wieder frei machen und ihn für Beiträge Ihres Innern öffnen.

Lassen Sie sich nicht von Ihren Handlungen wegtragen, sondern seien Sie der Meister Ihres Tuns.

Sollten Sie depressiv sein, so verordnen Sie sich selbst das einzig wirksame Mittel gegen Depressionen: aktives energievolles Handeln!

Es ist bekannt, daß die Depression zur Handlungslähmung führt, es ist aber auch erwiesen, daß derjenige, der sich von dieser Handlungsblockade durch entschiedenes Handeln befreit, sich damit auch gleichzeitig von seiner Depression befreit.

Bleiben Sie in Ihrer ärztlichen Behandlung, aber machen Sie einen ernsthaften Versuch mit dieser Methode! Was Sie tun, ist völlig gleichgültig – entscheidend ist, daß Sie etwas tun!

Der Einfluß, den entschlossenes Handeln auf unsere Psyche hat, sollten wir nicht unterschätzen.

Begeisterung erzeugt man, indem man beginnt, so zu tun, als wäre man bereits begeistert.

Erfolg erzeugt man, in dem man so handelt, als wäre man bereits erfolgreich.

Machen Sie es den Erfolgreichen aller Zeiten nach und realisieren Sie Ihren Traum durch sorgfältige Zielformulierung, Imagination und Phantasie, Tatkraft und Ausdauer.

Haben Sie Ihr aktuelles Ziel erreicht, so können Sie durch wiederholte Anwendung dieser drei Punkte jedes andere gewünschte Ziel realisieren.

Machen Sie sich zur Gewohnheit, alle Ihre Ziele zukünftig systematisch in der Reihenfolge S-I-T anzugehen – und Sie werden mit weniger Streß mehr erreichen!

Nichts motiviert mehr zu neuem Erfolg als der Erfolg, den wir gerade errungen haben. Und der größte Sieg, den Sie erringen können, ist der Sieg über sich selbst – über Ihre Schwächen und Ihre niederen Instinkte. Wir sind alle Riesen mit der Wahlmöglichkeit, uns als Zwerg zu verkaufen!

Entscheiden Sie sich für die Entfaltung Ihres vollen Potentials!

Gruppe 3

Genauso, wie ich die Punkte „Persönliche Verantwortung“ und „Offene Kommunikation“ als fundamental für ein positives Leben bezeichnet habe, sehe ich auch das „Im Jetzt leben“ und das „Völlige Vertrauen“ als grundlegende Eigenschaften eines bewußt positiv lebenden Menschen an.

Während die Punkte P und O jedoch die Basis eines positiven Lebens bilden, stellen die Punkte I und V die höchste Stufe des Lebens dar, sozusagen die Spitze.

Alles, was wir bis hierher gelernt haben, sollte uns helfen, unser Leben systematisch durch gezielte Aktionen zu verbessern. Die beiden Punkte der Gruppe 3 jedoch erfordern eher innere Stärke und Handlungen, die oftmals den Charakter der Nichthandlung haben.

Sehen wir uns dies etwas genauer an:

I = Im Jetzt leben

Die Weisen aller Zeiten hatten ein eindeutiges Verhältnis zur Zeit. Sie hielten sie für eine Sache von untergeordneter Bedeutung. Manche von ihnen gingen sogar so weit, daß sie sagten: Es gibt keine Zeit – es gibt nur das ewige Jetzt.

Dies will ich ein wenig untermauern.

Zeit ist eine Erfahrung, die von uns in der Regel falsch ausgelegt wird. Die Tatsache, daß wir Ereignisse als aufeinander folgend wahrnehmen, wird von uns so bewertet, daß neue Ereignisse die Folge oder das Ergebnis früherer Ereignisse sind.

Wir sehen es zumeist so, daß wir das, was in unserer Vergangenheit geschehen ist, auf alle Zeit mit uns herumschleppen müssen.

Nichts ist weiter von der Wahrheit entfernt.

In der Bibel heißt es: Wer den Pflug führt, soll nicht zurückschauen.

Hiermit ist gesagt, daß der, der sein Leben voranbringen will, sich auf die jetzt vor ihm liegende Aufgabe konzentrieren muß – daß er nicht zu weit nach vorne blicken darf und schon gar nicht ständig zurück!

Die Vergangenheit ist tot, sie kommt nicht wieder. Sie hat nur so viel Bedeutung, wie wir ihr heute, in unserer jetzigen Gegenwart geben.

Die Zukunft ist unbestimmt, sie ist ungeboren und kann uns im Jetzt nicht helfen. Was uns hilft, ist die Idee, die wir jetzt von unserer erwünschten Zukunft haben. Dies ist jedoch nicht die Zukunft, sondern unser schöpferischer Prozeß, der diese Zukunft erschafft.

Egal, was in Ihrer Vergangenheit bisher geschehen ist. Egal, was für Zukunftschancen sich schon zerschlagen haben. Der entscheidende Augenblick für Ihr vergangenes und zukünftiges Leben ist jetzt.

Im Jetzt geht der Geist eine Verbindung mit der Materie ein, und im Jetzt – und zwar ausschließlich im Jetzt – liegt der Kraftpunkt zur Veränderung Ihres Lebens!

Wir sollten daher im Jetzt leben – mehr noch, wir sollten lernen, das Jetzt zu ergreifen, es mit all unserer Kraft zu nutzen, um ein Leben nach unseren Vorstellungen zu erschaffen, und zwar jetzt – und nicht später. Daß wir es erst in der Zukunft vollständig erreicht haben werden, ist eine andere Sache, aber erschaffen können wir es nur jetzt!

Der Kraftpunkt für die Beeinflussung aller unserer Lebensumstände liegt im Jetzt!

Wenn Sie unter Ihrer Vergangenheit leiden – dann haben Sie jetzt und nur jetzt die Möglichkeit, eine andere Einstellung zur Ihrer Vergangenheit zu gewinnen!

Wenn Sie nicht mehr an eine gute Zukunft glauben – dann haben Sie jetzt und nur jetzt die Möglichkeit, sich beginnend mit der Änderung Ihrer Vorstellungen eine großartige neue Zukunft zu erschaffen.

So zu leben, hat gewaltige Konsequenzen!

Handeln Sie jetzt so, wie Sie es sich vorgenommen haben, irgendwann später zu handeln! Es gibt dieses irgendwann später nicht. Die Situation ist niemals günstiger als jetzt. Jetzt ist die einzige Chance, die Sie wirklich haben. Nur jetzt können Sie realisieren, was Sie sich jetzt vorstellen können.

Zeit ist eine Illusion – wenn wir glauben, daß etwas, das wir jetzt tun könnten, später besser getan werden kann. Später ist immer anders, als wir jetzt glauben.

Ein kluger Mann hat einmal gesagt: „Wenn Du eine Idee hast, die Dir sehr wichtig erscheint – und Du bist nicht bereit, innerhalb einer Woche konkret etwas für ihre Realisierung zu tun, dann vergiß sie!“ Tust Du es nicht in einer Woche, dann tust Du es nie!

Der Sinn der Meditation ist unter anderem, die Erfahrung zu machen, daß wir in uns einen Bereich haben, der vollkommen still und ruhig und klar ist; eine Ebene unseres Wesens, die keine Zeit – keine Vergangenheit und keine Zukunft – kennt; einen Bereich, in dem alles eins ist – nur noch das ewige Ich bin/Es ist!

Diese Erfahrung kann dazu beitragen, zu erkennen, daß Zeit, so wie wir sie in der Regel wahrnehmen, eine Illusion ist.

Viele Menschen warten jahrelang auf den günstigen Augenblick, der ihnen das große Glück beschert. Wenn wir uns die Erfolgreichen ansehen, dann sind es in der Regel Menschen, die in der Zeit, in der andere von großen Dingen geträumt haben, kleine Jetzt-Schritte in Richtung auf ihr großes Ziel unternommen haben – unmerklich für die anderen, aber so konsequent, daß sie tatsächlich eines Tages vor der Verwirklichung ihres Traumes standen.

Die anderen, die immer auf den großen Moment zum Handeln gewartet haben, warten währenddessen immer noch!

Jeder große Erfolg ist das Ergebnis vieler kleiner Schritte im Jetzt. Wer jeweils in seinem aktuellen Jetzt das tut, was ihm jetzt möglich ist, der wird und der muß große Ergebnisse erzielen, wenn er, wie wir gesehen haben, sein Ziel kennt.

Die wichtigste Botschaft zu diesem Punkt ist:

Warten Sie nicht mehr! Vertagen Sie nichts mehr auf morgen, was Sie schon jetzt tun können! Tun Sie alles, was Sie jetzt zur Verwirklichung Ihrer Träume tun können.

Erfolg ist jede fortschreitende Entwicklung in Richtung auf ein selbstgewähltes, wertvolles Ziel. Ein Fortschritt kann immer nur im Jetzt geschehen. Warten Sie nicht mehr!

Große Ziele sind immer das Ergebnis von Handlungen gewesen. Handlungen können niemals in der Vergangenheit oder in der Zukunft vollzogen werden. Der einzige Augenblick, in dem Sie handeln können, ist das Jetzt!

In Gedanken können Sie in die Vergangenheit reisen oder in eine imaginäre Zukunft. Im Geiste können Sie sich aufhalten, wo Sie wollen, Sie sind nicht an das Jetzt gebunden. Aber handeln, das ist das einzige, was Sie nur im Jetzt tun können!

Machen Sie sich bewußt, daß alle großen Werke durch Handlungen vollbracht wurden. Das Positive Denken sorgt für die positive geistige Basis der Handlungen, aber erst wenn Handlungen im Jetzt hinzukommen, werden aus Ideen Ergebnisse.

Worauf also warten:

Lassen Sie zu, daß Ihre Träume sich bereits jetzt erfüllen! Warum wollen Sie sie erst später erleben? Würden Sie jetzt handeln, wäre der Erfolg schon jetzt erreichbar – statt dessen verschieben Sie den Beginn Ihrer Handlungen auf später, und damit auch die Realisierung Ihres Traumes.

Noch ein Wort zu der Bedeutung des „Im-Jetzt-lebens" im Verhältnis zur inneren Führung.

Viele Menschen glauben, sie hätten keine innere Stimme. Oftmals handelt es sich um Menschen, die mit ihren Gedanken und Gefühlen sehr viel in der Vergangenheit oder in der Zukunft leben. Dies ist der wahre Grund dafür, daß sie ihre innere Stimme nicht erkennen.

Unsere innere Stimme, unsere Intuition, die Informationen unserer Seele an uns sind darauf eingestellt, uns „im Jetzt" zu erreichen!

Sie folgen uns nicht auf unseren Reisen in die Vergangenheit, und sie folgen uns nicht auf unseren Reisen in die Zukunft – sie erreichen uns im Jetzt oder gar nicht.

Es handelt sich bei der Kommunikationsweise zwischen dem bewußten und dem unbewußten Teil unseres Wesens um eine Gesetzmäßigkeit, die wir nicht außer Kraft setzen können. Wir müssen uns nach ihr richten, denn sie richtet sich niemals nach uns. Wenn wir also die Hilfe unseres Unbewußten in Anspruch nehmen wollen, dann sollten wir uns auf diese Gesetze einstellen und lernen, bewußt im Jetzt zu wohnen.

Im Jetzt zentriert sein, bedeutet nicht, nicht mehr an die Zukunft oder an die Vergangenheit zu denken. Es bedeutet, sich nicht in Zukunft und Vergangenheit zu verlieren! Das ist ein großer Unterschied.

Beispiel:

Wenn ein Mensch sich in der Vergangenheit verliert, dann erlebt er die Erfahrung der Vergangenheit nochmals genauso intensiv wieder, wie er sie damals erlebt hat – ohne sich überhaupt bewußt im Jetzt zu erleben.

Wenn jemand Zukunftsträume hat, dann ist er nicht in Kontakt mit dem Jetzt, sondern treibt sozusagen freischwebend im Raum.

Wenn sich jedoch jemand bewußt im Jetzt entscheidet „Ich erinnere mich nun noch einmal an den schönen Urlaub" – und sich erlaubt, in diese Erfahrung voll bewußt einzutauchen, so ist dies eine Erfahrung, die er im Jetzt macht.

Ebenso ist es bei einem anderen, der sich entscheidet, jetzt seine Imaginationsübung zu machen, eine Viertelstunde in seiner Phantasie eine erwünschte Zukunftsvorstellung zu sehen, um zu ihrer Verwirklichung beizutragen.

Der Unterschied liegt also im Bewußtsein – in der bewußten Kontrolle über unsere wache Präsenz im Jetzt.

Ich glaube, wenn wir es schaffen, im Jetzt zentriert zu sein, alle die Handlungen, von denen wir jetzt für die Zukunft träumen, bereits jetzt ausführen und jeden Tag einen kleinen Fortschritt in die richtige Richtung unternehmen, dann wird unser Leben eine sehr positive Dynamik bekommen und sich in kurzer Zeit deutlich umwandeln.

Sitzen wir statt dessen im Jetzt und hängen unseren Eindrücken aus der Vergangenheit oder unseren diffusen Vorstellungen von der Zukunft nach, so können wir sicher sein, daß unser Leben weitgehend an uns vorübergeht.

V = Völliges Vertrauen

Dieser Punkt stellt die Krönung und das Ziel jeder positiven Lebensgestaltung dar. Er bildet die Spitze dessen, was wir durch Positives Denken und Handeln erreichen wollen. Völliges Vertrauen umfaßt die beiden Bereiche, die wir durch Positives Denken stärken und stabilisieren wollen:

„Völliges Selbstvertrauen" – als Basis für Positives Denken und Handeln im Auf und Ab unseres Lebens, und „Völliges Gottvertrauen" – als Grundlage unserer Gelassenheit in den Situationen, in denen wir außer unserem Glauben nichts einsetzen können.

Völliges Vertrauen in das, was uns trägt und schützt, zu erreichen, erfordert eine Auseinandersetzung mit der Frage „Woher kommen wir und wohin gehen wir?" Eine beweisbare Antwort kann uns hierauf niemand geben, daher sprechen wir im Zusammenhang mit diesen Fragen auch nicht vom Wissen, sondern vom Glauben.

Das, was wir glauben, stellt uns im positiven Fall gewaltige positive Kräfte zur Verfügung – im negativen Fall dagegen kann es unsere Vertrauens- und Handlungskraft nahezu völlig auflösen.

Wer nicht vertraut, der lebt in Angst. Angst ist jedoch ebenso wie Vertrauen ein rein geistiger Zustand. Wer an Angst glaubt, der muß auch bereit sein, an Vertrauen zu glauben, denn beides ist aus demselben Stoff gemacht!

Dies sei gesagt für alle die, die fest von der Realität der Angst überzeugt sind und glauben, daß man heute kein Vertrauen mehr haben kann!

Betrachten wir zunächst das Gottvertrauen:

Wie wir an anderer Stelle dieses Buches schon lesen konnten, verstehe ich Gott als „alles, was existiert". Alles, was es überhaupt gibt, ist Gott. Hierzu gehört sowohl das, was wir verstehen, als auch das, was wir nicht verstehen. Hier sind ebenso die Menschen mit eingeschlossen, die nicht an Gott glauben, als auch alle die Menschen, die – innerhalb oder außerhalb irgendeiner Religionsgemeinschaft – Gott verehren.

Gott ist Vielfalt, und Gott ist sowohl das Unsichtbare als auch das Sichtbare.

Viele Menschen glauben an Gott in seiner unsichtbaren Form. Sie sehen Gott als Geistwesen, welches man nicht sehen kann. Dies ist ein Aspekt Gottes. Gott als Schöpfer und Gesamtbewußtsein des Universums ist unsichtbar.

Oftmals jedoch erfahren wir göttliche Hilfe durch Menschen, durch Ereignisse, die von Menschen vollbracht werden, die uns vorkommen, als wären sie von Gott geschickt. Dies ist das sichtbare Element Gottes, der sich als Schöpfer durch jede seiner Schöpfungen zum Ausdruck bringen kann.

Dies bedeutet nicht mehr und nicht weniger, als daß Gott in der Lage ist, uns in jedem Menschen und in jeder Erscheinung der Natur zu begegnen.

Da das Grundgesetz der Kommunikation mit Gott heißt „Was Du aussendest, antwortet Dir“ – ist es wichtig zu begreifen, daß unsere erste Aufgabe darin besteht, das Göttliche in jeder Situation und in jedem Menschen anzusprechen, damit es uns aus diesem heraus antworten kann!

Wenn wir echtes Gottvertrauen entwickeln wollen, so reicht es nicht, nur Vertrauen in den unsichtbaren Gott aufzubauen. Dies ist nur eine Seite der Medaille. Ebenso ist es nicht ausreichend, allein auf Menschen zu vertrauen und Angst vor dem Unsichtbaren, Unbekannte zu haben. Erst beides zusammen ergibt das Gottvertrauen, von dem ich hier spreche.

Liebe und Vertrauen gehören eng zusammen. Ein Mensch, der mehr Liebe in sein Leben einziehen lassen möchte, ist zuerst aufgefordert, selbst mehr Liebe auszusenden. „Was Du aussendest, das kommt zu Dir zurück." Dieses geistige Gesetz ist universal und überpersönlich. Genau dasselbe gilt auch für das Vertrauen!

Gib der Welt Dein Vertrauen, und die Welt dankt es Dir durch ihre Antworten. Gott ist der Wesenskern von allem – und jedes sichtbare Wesen ist eine Zelle im Körper Gottes. Wenn dies so ist, wenn Gott das Innerste von allem Sichtbaren ist, warum sollte ein Wesen wohl Interesse daran haben, einem anderen Wesen Schaden zuzufügen?

Dies kann eigentlich nur jemand tun, der diese grundlegenden Zusammenhänge noch nicht verstanden hat. Der Normalzustand für Menschen, die um diese Zusammenhänge wissen, ist, daß sie sich gegenseitig lieben, achten und respektieren. Wer den anderen als Gottesausdruck erkannt hat, der wird auch sein Anderssein als gottgewollt erkennen – und ihn lieben und ihm vertrauen können, obwohl er ihn nicht vollständig versteht.

Wir sind alle aufgerufen, uns gegenseitig zu fördern. Insbesondere die Menschen, welche bereits über das Wissen um die Zusammengehörigkeit aller Wesen verfügen, sind aufgerufen, in jedem anderen das Göttliche anzurufen und zu erleben, daß dies aus diesem Menschen antwortet. Hierin liegt insbesondere auch die gesteigerte Verantwortung aller Menschen, die sich als hochspirituell ansehen oder die es sich zur Aufgabe gemacht haben, andere Menschen über die geistigen Gesetze zu unterrichten.

Wer jedoch so vorgeht, wird Wunder erleben. Es kann ihm leicht passieren, daß ein Mensch, der vorhatte, ihm etwas Böses zu tun, hierzu plötzlich nicht mehr in der Lage ist, weil sein Inneres ihn daran hindert. Er weiß nicht warum, aber er kann die geplante Tat nicht mehr ausführen!

Völliges Gottvertrauen bedeutet also, Gott im Unbegreifbaren, im Unsichtbaren zu erkennen, und darüber hinaus Gott als Wesenskern in jedem Lebewesen zu erkennen – und ihn in allem, was uns begegnet, anzurufen!

Sprechen wir Gott in allem an, was uns begegnet, so sind wir weitestgehend geschützt.

Weitestgehend deshalb, weil noch ein anderes Element hinzukommen muß, wenn wir vollkommen geschützt sein wollen – und dieses Element ist das Selbstvertrauen!

Gottvertrauen und Selbstvertrauen zusammen ergeben den Zustand, der uns geschützt sein läßt gegen alles Böse, was uns geschehen könnte, und der uns sicher aus allen unseren Schwierigkeiten heraushilft, wenn wir einmal in einer Klemme stecken!

Was bedeutet denn nun völliges Selbstvertrauen?

Im Gegensatz zum Gottvertrauen, welches wir in Richtung auf alles das, was wir als „außerhalb von uns selbst" ansehen, richten müssen, besteht das Selbstvertrauen darin, auf alles das zu vertrauen, was uns selbst, unsere

Persönlichkeit, unsere geistig-seelische und körperliche Existenz betrifft.

Was nützt es uns, wenn wir auf Gott als unseren unsichtbaren Führer vertrauen, wenn wir zusätzlich auch auf alle anderen Menschen vertrauen, uns selbst jedoch mit Zweifel und Mißtrauen begegnen?

Es ist von grundlegender Bedeutung, daß Sie Ihr Selbstvertrauen aufbauen und stärken, wenn Sie in dieser Welt wirklich harmonische und beglückende Lebensumstände erreichen wollen.

Ich habe bereits geschildert, daß Gott „alles ist, was existiert". Ist dies zutreffend, dann ist Gott auch Ihr ganz persönlicher Lebenskern – dann können Sie sich selbst nicht von Gott trennen!

Ich bin der Überzeugung, daß mangelndes Selbstvertrauen im Grunde mangelndes Gottvertrauen ist.

Wo hört mein Selbst auf, und wo fängt Gott an?

Ich glaube, wir sollten erkennen, daß es in Gott keine Trennungen gibt und daß wir untrennbar mit dem Schöpfer und der Schöpfung verbunden sind.

Was wir wissen müssen, ist jedoch:

Gott hat jedem seiner Wesenheiten das Recht gegeben, sich zu entscheiden, sich mit ihm oder ohne ihn durch das Leben zu bewegen.

Wenn Sie also überzeugt sind, allein zu sein, und Gottes Hilfe nicht in Anspruch nehmen zu wollen, dann haben Sie hiermit selbst die Entscheidung getroffen, daß

Sie auf Gottes Unterstützung für Ihr Leben (oder diese betreffende Situation) verzichten wollen.

Wahres Selbstvertrauen ist erst möglich, wenn Sie die innere Verbindung, das innere Einssein mit der Kraft, die alles erschaffen hat und alles am Leben erhält, erkennen und bejahen.

Viele Menschen fragen sich nach dem Sinn ihres Lebens. Sie suchen den Zweck ihres Hierseins und fragen sich, warum sie geboren wurden. Ich möchte Ihnen folgendes sagen:

Der Sinn des Lebens ist das Leben selbst! Sie wurden geboren, um sich selbst und Ihre ganze Persönlichkeit zu entwickeln und dieser Welt zur Verfügung zu stellen.

Der Mensch ist ein Werkzeug Gottes zur Verbesserung der Welt. Er ist nicht zum Selbstzweck hier und solange er versucht, nur für sich selbst zu leben, wird er nicht die volle kosmische Unterstützung, nicht das volle eigene Potential erfahren.

Erst wenn er bereit ist, der Welt all seine Kraft, all sein Anderssein und all seine besonderen Fähigkeiten zur Verfügung zu stellen, um sie ein Stückchen weiter zu verbessern, wird er die göttliche Hand in seinem Leben spüren.

Wir neigen alle dazu, unser Leben als Egotrip zu führen. In der Esoterik heißt es: „Du mußt Dein Ego überwinden!" Dies bedeutet nicht etwa, nicht mehr egoistisch zu sein, sondern man muß das Gefühl des Getrenntseins vom Ganzen überwinden!

Wer im Ego lebt, der glaubt sich selbst von Gott und den Menschen getrennt. Er ist der Überzeugung, er müsse hart kämpfen, um sich auf dieser Welt einen Platz zu schaffen, an dem er einigermaßen sicher ist.

Wer sich jedoch als Teil des Ganzen begreift und bejaht, der hat sein Ego überwunden. Er hat die Möglichkeit, leicht und sicher den Platz in der Welt einzunehmen, an dem er glücklich und erfolgreich ist.

Wahrer Erfolg ist das natürliche Ergebnis eines Handelns, das der Welt die eigenen gottgegebenen Talente zur Verfügung stellt. Die eigenen Stärken, das, was man selbst in Freude gerne tut, der Welt auf eine Weise zur Verfügung zu stellen, die auch anderen zugute kommt, ist der einzig sichere Weg zu einem Leben in Erfolg und Harmonie.

„Geben" ist das Zauberwort. Überlegen Sie sich, was Sie zu geben haben. Konzentrieren Sie sich dabei auf die Dinge, die Ihnen selber Spaß machen. Wenn Sie nicht erkennen, worin Ihre besondere Fähigkeitskombination liegt, so bemühen Sie sich aktiv darum, dies herauszubekommen. Fragen Sie Ihre Freunde und Bekannten danach, wo diese Ihre Stärken sehen. Gehen Sie weit zurück in Ihre Kindheit und werden Sie sich wieder Ihrer ursprünglichen Wünsche bewußt – Ihrer allerersten Ideen von Ihrem Leben, die Sie später nicht realisiert haben. Sie können Ihnen den Weg zu Ihrem ganz persönlichen Platz in dieser Welt aufzeigen.

Oftmals gelangen wir nicht in Harmonie mit dem Leben, weil wir nicht verstehen, wie positives Leben aussieht. Wir glauben, wir müßten uns zu Aufgaben bereitfinden, die uns keine Freude machen. Wir sind davon überzeugt, daß wir Berufe ergreifen müßten, die uns nicht oder nur wenig gefallen, um Geld zu verdienen.

Wir meinen, wir hätten die Pflicht, einen Dienst zu leisten, der uns selbst keine Befriedigung bringt, der jedoch wichtig „für die anderen" ist.

Das kann nicht der Weg sein, der zu einem positiven Leben führt!

Wenn wir erkannt haben, daß Gott in uns *und* außerhalb von uns wirkt, und wenn uns bewußt ist, daß Gott uns als Werkzeug zur Weiterentwicklung der Schöpfung auf die Erde gesandt hat, dann können wir auch eine andere Vorstellung von unserem Leben entwickeln.

Der erfolgreichste Weg aller Zeiten zur Entdeckung des ganz persönlichen Platzes in dieser Welt besteht darin, sich selbst und seinen eigenen Instinkten und darüber hinaus der Welt und dem Universum zu vertrauen.

In diesem Vertrauen gehen wir wie folgt vor:

1. In dem Bewußtsein, daß Gott durch unsere Wünsche und unsere Intuitionen zu uns spricht, überprüfen wir unsere Sehnsüchte und unsere Idealvorstellungen von unserem Leben – insbesondere auch die, die wir schon längst aufgegeben haben!

2. Im Bewußtsein, daß Gott uns als Werkzeug benötigt, und daß er es so eingerichtet hat, daß die Freude des Werkzeuges am größten ist, wenn es an der richtigen Stelle auf die richtige Weise von ihm genutzt wird, machen wir unsere eigene Freude zum Gradmesser der Beurteilung dafür, ob wir an unserem richtigen Platz sind oder nicht.

3. In dem Bewußtsein, daß Gott uns aus der ganzen Schöpfung antwortet, wenn wir ihn in der Schöpfung anrufen, gehen wir auf die Welt und die anderen Men-

schen zu und bieten ihnen die Leistung an, die wir am liebsten erbringen möchten.

4. Dies tun wir solange, bis wir die Menschen gefunden haben, die gerade unsere spezielle Leistung benötigen, um ihr Leben so zu führen, wie sie es sich vorstellen. Mit diesen Menschen arbeiten wir harmonisch – zum allseitigen Nutzen – zusammen.

Liebe und Zusammenarbeit hat schon immer die größten Werke vollbracht. Fehlt die Liebe, die sich in uns selbst durch die von uns empfundene Freude an unseren Handlungen zu erkennen gibt, kann nichts Bedeutendes entstehen. Fehlt die Zusammenarbeit, die gemeinsame Handlung mit anderen zu wechselseitigem Nutzen, so ist ebenfalls nur schwer etwas Besonderes zu schaffen.

Wenn wir über Vertrauen sprechen, so müssen wir erkennen, daß alle unsere Probleme und Schwierigkeiten oft nur deshalb in unser Leben treten, weil wir nicht bereit sind, an unseren ureigenen Platz zu gehen. Wir gelangen ganz automatisch in Harmonie mit Gott und der Welt, wenn wir unseren persönlichen Platz eingenommen haben. Alte Probleme werden gelöst und verschwinden aus unserem Leben. Wir sind zu Hause!

Ein Leben, welches im völligen Vertrauen gelebt wird, ist nicht mit dem Leben zu vergleichen, das die Allgemeinheit führt. Es ist daran zu erkennen, daß wir uns in Einklang befinden – in Harmonie mit uns und unseren eigenen Lebensumständen. Hierbei spielt es keine Rolle, ob wir in den Augen der anderen eine große Rolle auf der Bühne des Lebens spielen. Wichtiger ist es, daß wir an der Tatsache, daß wir ein harmonisches Leben führen, erkennen können, daß wir an einem Platz sind, der Gott gefällt.

Dies bedeutet selbstverständlich nicht die völlige Abwesenheit von Schwierigkeiten! Norman Vincent Peale sagt: „Wenn Du keine Schwierigkeiten mehr hast, bist Du nicht mehr am Leben!“ Die hier gemeinten Probleme beziehen sich jedoch nicht mehr auf die grundsätzlichen Lebensfragen, sondern sie sind der normale Bestandteil jeder vorwärtsgerichteten Lebensentwicklung.

Es handelt sich bei den Problemen eines Menschen, der seinen ureigenen Platz gefunden hat, nur noch um natürliche Wachstumshormone, die ihm helfen, immer weiter über sich hinauszuwachsen.

Wenn wir jedoch Probleme damit haben, unser Leben in die Balance zu bekommen, wenn wir trotz intensiver Versuche, erfolgreich zu sein, ständig straucheln und leiden, dann ist es an der Zeit, sich grundsätzliche Fragen zu stellen:

„Tue ich wirklich das, was ich aus der Tiefe meiner Seele am liebsten tun würde?"

„Erwarte ich selbst in erster Linie etwas von der Welt, oder steht bei dem, was ich tue, das Geben im Mittelpunkt?“

Wenn diese beiden Fragen mit Nein beantwortet werden, dann müssen wir hier den Hebel zur Veränderung ansetzen.

Leben heißt Veränderung. Vertrauen in das sich ständig wandelnde Leben zu haben, ist eine der wichtigsten Lektionen, die wir vom Leben gestellt bekommen.

Festhalten an überholten Lebensumständen, die unser weiteres Wachstum behindern werden, ist ein Hauptgrund für das Leid vieler Menschen. Sie spüren, daß das Leben andere, größere Dinge mit ihnen vorhat, sie haben aber Angst davor, das Bestehende loszulassen. Loslassen lernen ist ein fundamentaler Punkt des völligen Vertrauens. Es heißt, immer wieder Neues zu beginnen und immer wieder Altes hinter sich zu lassen. Dies als Grundprinzip des Lebens zu erkennen und hiermit in Harmonie zu gelangen, ist eine der wichtigsten Aufgaben des Menschen.

Geben und Nehmen in die Balance zu bringen, gehört ebenfalls dazu. Genauso wie es für uns völlig natürlich sein muß, unsere Talente zu geben, sie der Welt zur Verfügung zu stellen, genauso muß es für uns ebenso natürlich sein, hierfür von der Welt versorgt zu werden.

Geben und Nehmen sind eins. Wir geben und wir empfangen dafür. Wer das Problem hat, daß er nicht annehmen kann, muß diesen Punkt überprüfen und ändern. Insbesondere steht uns manchmal im Wege, daß wir, verursacht durch unsere Erziehung, glauben, daß wir für das, was uns am meisten Spaß macht, nicht auch noch Geld nehmen können. Wer so programmiert ist, darf sich nicht wundern, wenn seine Glaubenssätze es ihm nur erlauben, Geld mit etwas zu verdienen, was ihm keinen Spaß macht!

Das Leben ist Freude und Spaß. Wir haben es in unserer Macht, selbst an den Platz zu kommen, wo wir beides leben können, und niemand außer uns selbst kann uns davon abhalten, diesen Weg zu gehen.

Die Welt ist unglaublich reich an Menschen und Möglichkeiten – es übersteigt unsere Vorstellungskraft, daß es Milliarden möglicher Partner für alle unsere Ideen gibt.

Fangen wir an, voller Vertrauen auf diejenigen zuzugehen, die wir kennen, und machen wir die Erfahrung, daß wir auf göttliche Weise von einem zum nächsten geleitet werden, so lange, bis wir einen Platz erreicht haben, der unserem Wesen, unserer Persönlichkeit und unseren Talenten und Neigungen voll entspricht.

Arbeiten Sie auf diesem Weg mit der Affirmation „Jeder und alles fördert mich jetzt, und ich fördere jetzt jeden und alles!"

Sie selbst haben es in der Hand, Ihr Vertrauen so stark aufzubauen, daß Sie die Erfahrung eines erfüllten und glücklichen Lebens mit Erfolg in Harmonie machen, das dem entspricht, was Gott sich bei Ihrer Schöpfung vorgestellt hat. Niemand kann Sie daran hindern, Ihren höchstmöglichen Selbstausdruck zu erreichen.

Wenn Sie völliges Vertrauen haben – völliges Gottvertrauen in alles Unsichtbare und in alles Sichtbare außerhalb von sich selbst – und völliges Selbstvertrauen in alles Sichtbare und Unsichtbare Ihrer eigenen Persönlichkeit, und wenn Sie in Liebe vorangehen und der Welt Ihre Zusammenarbeit auf dem Gebiet anbieten, auf dem Sie am stärksten talentiert sind, dann kann Ihnen nichts Böses mehr passieren.

Sie werden sehen – es funktioniert!

Schlußwort

Alles ist möglich! Ihre Geburt und Ihren Tod können Sie nicht beeinflussen, aber alles, was dazwischen liegt, steht in Ihrer Macht. Daraus ergibt sich, wie Sie das Leben und seine ewigen Gesetze verstehen. Das, was Sie über sich selbst und die Welt denken, hat gewaltigen Einfluß auf Ihre Lebensumstände – es entscheidet praktisch darüber, was für eine Art Leben Sie führen werden.

Lernen Sie aus Ihren Fehlern und erkennen Sie, daß so manches Problem nur deshalb in Ihrem Leben auftaucht, um Sie zu einer noch besseren Lebensweise anzuregen.

Erkennen Sie, daß mancher „negative" Schicksalsschlag Sie nur deshalb erreicht hat, um Sie von Umständen zu trennen, die sowieso nicht mehr förderlich für Ihre seelische Entwicklung waren.

Jede Lebenserfahrung hat ihren höheren Sinn. Sie sind ausgestattet mit dem Urteilsvermögen, das Sie benötigen, um die richtigen Schlüsse aus Ihren Schwierigkeiten zu ziehen und bessere Schritte einzuleiten.

Das POSITIV-Training ist nicht dazu da, Ihnen dieses eigene persönliche Wachstum abzunehmen, es soll Ihnen statt dessen helfen, Ihr eigenes Bewußtsein über die Zusammenhänge zu erweitern und den Weg zum positiven Handeln zu finden, der sich aus dem Positiven Denken ergeben muß, wenn Ihr Leben ein Erfolg werden soll!

Anhang

Manfred Czierwitzki ist ein beliebter Sprecher zu allen Themen aus dem Bereich der Bewußtseinserweiterung. Er sprach in den letzten Jahren bereits in über 800 Vortragsveranstaltungen vor Tausenden von Menschen.

Seine Sprechweise ist intuitiv, und seine besondere Stärke liegt darin, selbst komplizierte Zusammenhänge mit einfachen Worten für jeden klar verständlich zu beschreiben.

Sein reicher Erfahrungsschatz versetzt ihn in die Lage, Veranstaltungen sowohl zu beruflich-geschäftlichen wie auch zu privat-persönlichen Themen aller Art frei, ohne vorbereitetes Manuskript, zu leiten.

Neben seiner wöchentlichen Vortragsreihe in der Universität Hamburg hält Manfred Czierwitzki Vorträge und Workshops in Firmen, Gruppen und Organisationen aller Art. Außerdem führt er Beratungen und Einzel- bzw. Gruppen-Coaching von Führungskräften durch.

Bei Interesse nehmen Sie bitte Kontakt auf unter:

Manfred Czierwitzki
mc International
Glockengießerwall 26
D-20095 Hamburg
Tel: 040/30 10 41 11
Fax: 040/30 10 42 99

Hier erhalten Sie auch eine aktuelle Bestell-Liste des über 100 Titel umfassenden Vortrags-Cassetten-Angebotes sowie der weiteren Bücher und Schriften von Manfred Czierwitzki.